Beaumarchais,
un aventurier de la liberté

Erik Orsenna
de l'Académie française

Beaumarchais, un aventurier de la liberté

Stock/France Culture

Couverture : Coco bel œil
ISBN 978-2-234-08610-4

AVENTURIER
Personne qui cherche l'aventure, par curiosité ou goût du risque. (*Parfois péjoratif.*)

N'être qu'un est une prison.
Fernando Pessoa

Pour Évelyne et Maurice Lever,
mes professeurs de XVIIIe siècle.

Vive la liberté !

Comme l'a prouvé Jean Starobinski, dans un livre admirable, le XVIIIe siècle a *inventé la liberté.*

Liberté du savoir, face à la religion.

Liberté du citoyen, face au monarque.

Liberté d'un peuple (américain), face à l'anglaise nation colonisatrice.

Liberté de l'auteur, écrivain ou journaliste, face à la censure.

Liberté de l'artiste, jusqu'alors contraint d'imiter l'Antique.

Liberté du jardinier, jusqu'alors obligé de tenir les rênes courtes à la nature au lieu de la laisser vivre.

Liberté du commerçant, jusqu'alors empêché par les octrois, les frontières internes et les privilèges.

Liberté de l'entrepreneur, prisonnier des corporations.

Et bien d'autres libertés.

À commencer par celle de penser (contre toutes les censures), celle de tout explorer (pour étancher une inépuisable curiosité), celle de toucher à tout (pour quelle raison s'en priver puisqu'on est touché par tout ?).

N'oublions pas, il va sans dire, la liberté de ses mœurs (s'il n'est plus tout à fait sûr que Dieu existe, pourquoi refréner ses désirs, de quel Juge devrions-nous avoir peur ?).

Mais la liberté engendre le désordre.

En s'affranchissant de toute règle, la société peut avancer vers un autre arbitraire, celui de la violence, voire de la Terreur. Tandis que l'homme privé, jouissant soudain sans entrave, pourrait bien causer sur ses proches quelques dégâts, en même temps qu'il va découvrir le corollaire obligé de la liberté : la solitude.

De cette formidable aventure de la liberté, Beaumarchais est l'incarnation même.

De toutes les libertés, il aura fait le pari.

À ses risques et périls.

Cent fois ruiné, cent et une fois refait.

Glorieux un jour, vilipendé le lendemain, ami du roi le lundi, emprisonné le mardi, désespéré d'amour le mercredi, ressuscité pour une autre le jeudi, sifflé le vendredi tant sa pièce de théâtre était nulle, acclamé pour un chef-d'œuvre le jour suivant et tous les siècles à venir...

Que dire de sa vie ? Elle est la vie même.

Un mouvement perpétuel, un feuilleton jamais ralenti, une *folle journée*, pour reprendre le premier titre de son *Mariage* (de Figaro).

Assurez-vous bien sur votre selle, ce récit est une cavalcade.

Rosine : Vous injuriez toujours notre pauvre siècle.

Bartholo : Pardon de la liberté ! Qu'a-t-il produit pour qu'on le loue ? Sottises de toute espèce : la liberté de penser, l'attraction, l'électricité, le tolérantisme, l'inoculation, le quinquina, l'Encyclopédie, et les drames...

Le Barbier de Séville, acte I, scène 3

1

Vous avez dit bonheur ?

Les siècles se moquent des rendez-vous.

Et souvent tardent à céder la place.

Le XXe ne commence que le 11 novembre 1918, après quatre ans de Grande Guerre. Peut-être même l'année suivante, juste au début de l'été 1919, lorsque des imbéciles signent le désastreux traité de Versailles.

Et le XVIIIe ne s'ouvre que le 1er septembre 1715, vers 8 h 10 le matin, quand Louis XIV finit par succomber à la gangrène. Il y aura régné cinquante-quatre ans.

Le roi est mort ! se dit la France. Bon débarras, Maintenon la dévote ! Vive le nouveau roi, le très jeune Louis XV (cinq ans) ! Et surtout, vive la liberté !

Dès la Régence, les esprits s'ébrouent, comme sortis d'un long engourdissement. Après avoir courbé le dos sous un double joug, celui, politique, de l'absolutisme royal, et celui, intellectuel, de l'obscurantisme religieux, on aspire à se redresser. À sortir de cette si longue enfance. À devenir adultes. Un air nouveau flotte dans l'air, la gaieté de l'audace.

Une passion se réveille, qui est celle de comprendre. Donc de savoir. On se met à collectionner les curiosités. On s'enivre de science. Bientôt on se promènera dans « l'ensemble des connaissances ». C'est ainsi qu'on appelle une encyclopédie et Diderot ne va plus tarder à nous en faire cadeau. Peu après paraîtra le *Dictionnaire philosophique* de Voltaire, machine de guerre contre « l'infâme », en d'autres termes l'ignorance, faux nez du catholicisme.

Dans l'Europe entière, les Lumières s'allument. Et monte une marée qui s'appelle Liberté.

Pierre-Augustin voit le jour le 24 janvier 1732.

Sur son berceau, les fées n'ont pas lésiné.

Il naît donc à la bonne époque mais aussi dans la bonne famille, et au bon endroit.

Son père est André-Charles Caron, maître horloger ; sa mère, Marie-Louise Pichon, « bourgeoise ».

Il est le seul fils, entouré de cinq sœurs. Quel plus doux entourage voulez-vous souhaiter ?

Choyé par Lisette, consolé par Jeanne-Marguerite quand énervé par Madeleine-Françoise, bercé chaque soir par l'aînée Marie-Josèphe, le reste du temps protégé par Marie-Julie dite Bécasse.

Au moindre de ses mots, on s'esclaffe. Ses bêtises enchantent, on comble ses caprices. Quoi qu'il fasse ou commette, on l'aime. Et toujours davantage. Un socle se construit, le plus solide pour y élever tous les étages d'une vie. Il se nomme *confiance,* confiance en soi. Laquelle, comme chacun sait, peut virer à l'arrogance. Mais ne brûlons pas les étapes. Pierre-Augustin n'est pour l'instant qu'un gamin adulé.

D'après les dires et les chroniques, les Caron sont une famille où, s'il faut résumer, les parents grondent peu. L'enfance y est insouciante. On rit, on lit, on chante, on aime la musique, on pratique viole, flûte, harpe et violoncelle.

Cette joyeuse petite ruche vit rue Saint-Denis, à deux pas des Halles, au cœur de la plus grande et plus bourdonnante capitale d'Europe: Paris ! Il suffit de sortir de chez soi pour entrer au théâtre. Notons que Molière, au siècle précédent, est né tout près, rue des Vieilles-Étuves, au coin de la rue Saint-Honoré. On dirait que l'humanité entière s'est donné rendez-vous là.

De jour comme de nuit, une foule va et vient, flâne et rencontre, transporte et commerce, activités qui donnent soif. Tous ces personnages alors s'attablent et sans fin commentent, ça vitupère les puissants, ça s'invective, ça vire vite à la rixe. Dans un coin, deux amoureux roucoulent. L'enfant qui vit là, et donc passe et repasse, se fait l'œil et l'oreille à toutes ces images, à tous ces parlers. Il est déjà du genre à ne rien laisser perdre. Il a vu un barbier, entendu un coiffeur, s'est moqué d'un comte pestant contre l'ordure qui a maculé ses mocassins, il s'est ému d'une femme encore belle, déjà ignorée par son mari. Trésors de la rue.

La bonne famille, le bon endroit, la bonne époque : bien naître est une chance. C'est aussi un talent. En Pierre-Augustin chances et talents se mêleront toujours. Mais pour que *prenne* ce mystérieux alliage, il faut y ajouter le travail. Le voici justement qui frappe à la porte. Notre petit prince a dix ans. Vous imaginez facilement qu'il serait volontiers demeuré dans l'unique compagnie de ses sœurs, avec pour seule école le spectacle de sa ville.

Jamais fâché, toujours en belle humeur; donnant le présent à la joie...

Le Mariage de Figaro, acte I, scène 4

Bannissons le chagrin : il nous consume.

Le Barbier de Séville, acte I, scène2

2

La chance de sa vie : passer par l'apprentissage

L'argent ne manquant pas trop chez les Caron, et les dons de Pierre-Augustin ayant été vite repérés, il aurait pu recevoir la meilleure éducation du temps. Pourquoi pas les Jésuites ou les Oratoriens ? Le risque de l'excellence pédagogique, c'est de fabriquer des clones. On entre chez eux enfant, petit être prêt à tout, on en ressort magistrat, ingénieur, professeur. Ces congrégations, dont on connaît l'intelligence, savent faire entrer dans leurs moules les personnalités les plus diverses. Et hier comme aujourd'hui, imitées en cela par toute la société, n'ont que dédain pour l'intelligence de la main.

Par chance, M. Caron a son idée. Il a perdu trois fils. Il ne lui reste que celui-là pour reprendre la boutique. Devenir maître horloger n'avait pas été mince affaire. Une charge réservée bien sûr aux catholiques. Or Pierre-André souffrait d'une tare, la même d'ailleurs que celle du père de Jean-Jacques Rousseau, lui aussi dans le commerce des montres : il était… protestant. C'est « au désert » qu'il s'était marié, selon l'expression d'alors et qui signifie la clandestinité. Pour se faire admettre au sommet de la corporation, il avait dû abjurer, puis longtemps lutter. Pas question de gâcher tant d'efforts et que s'éteigne ce patrimoine familial.

En attendant de rejoindre l'échoppe, Pierre-Augustin se retrouve dans une école de campagne : Alfort, vous connaissez ? Près de Vincennes. Il s'y morfond et peu apprend. Trois ans passent. Sa mère se languit, son père s'impatiente. Il finit par venir récupérer celui dont il veut faire au plus vite son apprenti.

Pierre-Augustin a treize ans. Il va en demeurer huit devant les engrenages, pince à la main et loupe vissée à l'œil droit.

Il piaffe et rue. Il s'absente, il trafique. De temps à autre, pour améliorer son ordinaire, il vend la montre à lui confiée pour une réparation. Exaspéré, son père le chasse. Mais vite le rappelle. La maisonnée s'ennuyait trop de l'enfant chéri. Ne l'oubliez pas, cet amour familial est l'unité première de cette vie qui vous semblera parfois décousue : on s'aime, chez les Caron, on s'aime fort et toujours on s'aimera.

C'est alors que Pierre-Augustin s'affronte à son premier défi.

Échappement (*Encyclopédie de Diderot et d'Alembert*)

« Le but que les habiles artistes se proposent dans un échappement quelconque, c'est d'obvier aux défauts qui peuvent se rencontrer dans la puissance régulatrice & dans la force qui entretient son mouvement : c'est dans cette vue qu'ils disposent ces échappements, de façon que le régulateur étant donné, il devienne aussi puissant & aussi actif qu'il est possible, & qu'il éprouve dans ses vibrations le moins de frottements qu'il se peut. »

« Éprouver dans ses vibrations le moins qu'il se peut… » La mécanique horlogère est à l'image de l'existence.

L'échappement ! Le mot est trop beau pour ne pas en jouer. C'est par sa découverte d'un nouvel échappement que notre ami va trouver moyen de se libérer de l'établi paternel. Encore va-t-il devoir mener bataille. « Ma vie n'a été qu'une suite de combats », ne cessera-t-il de répéter. Voici le premier.

Ma vie n'a été qu'une suite de combats.

Devise de Beaumarchais
tirée du *Mahomet* de Voltaire.

3

Premier duel

Pierre-Augustin explique fièrement sa découverte à tous ceux qui veulent entendre. Et notamment au visiteur le plus considérable de la boutique paternelle, Jean-André Lepaute, étoile de la profession puisque « horloger du roi » et auteur d'un traité qui fait autorité. Le prestigieux aîné applaudit le savoir et l'habileté de l'apprenti. Bientôt, on le revoit. Il devient habitué. Il veut suivre pas à pas les perfectionnements apportés semaine après semaine. Pierre-Augustin s'acharne. Il sent qu'il approche du but, la célébrité l'attend, sa vie va changer, qu'importent les heures, les fêtes manquées, les demoiselles dédaignées… Et puis l'éperonne l'attention de ce grand personnage qui est devenu un « ami ».

Lequel « ami » lui dit un jour, avec un culot dont on verra plus tard l'immensité : « Prenez garde, mon enfant, méfiez-vous des voleurs, l'espèce humaine dérobe volontiers, je serais vous, je communiquerais vos travaux à l'Académie des sciences. Je connais son secrétaire perpétuel, un astronome nommé Grandjean de Fouchy, je vais vous recommander… »

Ainsi est fait, et le dossier déposé. Ne reste qu'à trouver une date pour inscrire *l'échappement* à l'ordre du jour.

Les mois passent. L'inventeur attend, tranquille, jusqu'à ce qu'un client lui parle du dernier numéro du *Mercure de France*. Un certain… Lepaute y décrit le mécanisme d'*échappement* qu'il vient d'expliquer au roi. Pierre-Augustin se précipite, achète la revue, et tombe de sa chaise. Celui qu'il croyait son « ami » présente la découverte comme la sienne et se contente de répéter, détail après détail, ce qu'il a appris rue Saint-Denis, croquis volés à l'appui.

D'autres auraient ragé, fulminé puis baissé les armes. Que peut un inconnu, à peine sorti de l'apprentissage et ne connaissant personne, contre l'Horloger du roi ? Son père le console et lui conseille la prudence. On ne s'attaque pas sans risque aux puissants. Prudence ? Pierre-Augustin n'est pas de cette eau tiède. Il monte à tous les créneaux. Court à l'Académie des sciences, y dépose une boîte avec l'ensemble des pièces de son invention. Demande audience au ministre, le comte de Saint-Florentin. Dans la nuit rédige un mémoire où il exige une confrontation. Au matin, il le porte au *Mercure.* Il a compris que sa seule chance est d'alerter la presse et de prendre le public à témoin. D'autres journaux s'en mêlent, animés par les proches de Lepaute. La polémique enfle. L'affaire sent mauvais. L'Académie des sciences comprend qu'il faut trancher. Au plus vite. Elle désigne deux commissaires. Les conclusions de leurs rapports convergent : c'est bien le jeune Caron le seul inventeur. On vote le 16 février 1754. Unanimité pour condamner Lepaute. Notons le courage de cette assemblée d'hommes de science. L'individu qu'ils accablent est un familier de Versailles. Dans l'univers académique (comme dans tous les autres), la couardise, ou du moins la précaution, est d'ordinaire la règle.

Du jour au lendemain, Pierre-Augustin conquiert une vraie notoriété. À la Cour, on ne parle que de cet artisan au talent si rare à cet âge, et au sang si bouillant. D'ailleurs, quel visage a-t-il ? On le dit avenant. On aimerait le connaître. Comme on l'imagine, l'invitation ne va pas rester longtemps sans réponse. Laissez-moi acheter vêtements qui conviennent et je saute dans un fiacre !

Pas encore vingt-deux ans et voici déjà tout Beaumarchais, même si Pierre-Augustin ne porte pas encore ce nom. Inventif, obstiné, réactif, expert dans l'art de saisir les opportunités, surtout s'il s'agit de changer une défaite en victoire. Et, qualité ou défaut, étranger au doute.

Ce premier duel préfigure bien d'autres batailles. Qui toutes auront le même ressort : se voir reconnaître sa qualité d'auteur et les droits, notamment pécuniaires, qui y sont associés. Quelle que soit l'œuvre, scientifique, technique, commerciale ou littéraire.

La création n'a pas de frontière.

Et le créateur mérite autant l'argent qu'un industriel ou qu'un commerçant.

Recevoir, prendre et demander; voilà le secret en trois mots.

Le Mariage de Figaro, acte II, scène 2

4

Arriver par les montres, s'installer grâce aux harpes

Certain jour, l'âge venant, et quelques souvenirs me revenant, je me propose d'écrire, à l'usage des jeunes gens pressés, un *Petit manuel de l'arriviste*. Le premier chapitre ne pourra qu'être réservé à Beaumarchais. Car la vitesse et la continuité de son ascension méritent le respect.

À vingt ans, il n'était rien, un artisan parisien parmi des milliers d'autres, un obscur godelureau qui trime, penché sur son établi.

Deux ans plus tard, il fournit en montres la Cour. Et bientôt le roi lui-même ! Il faut dire qu'il a su exploiter son succès sur l'influent

Lepaute en multipliant ses interventions dans le *Mercure*, principal journal de l'époque et envoyant à toutes les académies de France et de Navarre le mémoire qui présente son invention. Comme, en outre, la rumeur se propageait que ce jeune prodige de l'horlogerie était fort bien fait de sa personne, tout le monde avait vite voulu le connaître.

Il ne va pas s'arrêter en si bon chemin.

L'horlogerie, si l'on y songe, est le meilleur des marchepieds. Qu'est-ce qu'une montre ? Au-delà d'une forêt d'engrenages, un bijou. Et pour réussir un bijou, il faut s'adjoindre des joailliers et des artistes. Deux corporations qui fascinent les dames de qualité.

Il y a plus.

Une montre, c'est le temps. Et le temps, c'est l'ennemi, celui qui creuse les rides et jaunit le teint, cette bête malfaisante qui se moque des pouvoirs et les ronge peu à peu avant de les renverser.

Regardez comme les gens riches se passionnent pour les montres. Elles leur donnent l'illusion qu'après avoir dominé leurs contemporains, ils ont acquis bien plus difficile encore : la maîtrise sur le Temps.

N'importe qui s'en serait tenu là. Horloger du roi, le titre est prestigieux, et les rémunérations des plus satisfaisantes. Un autre aurait joui de tels privilèges et de l'honneur d'avoir clientèle si prestigieuse. Pas Beaumarchais. C'est que son métier avait sa limite. Vous pouvez admirer votre fournisseur, voire lui porter une sorte d'amour, vous ne le rencontrerez que de loin en loin, pour une réparation, pour un nouvel achat.

Livrer Versailles, c'est bien !

Mais on doit pouvoir faire mieux.

C'est camper au sommet que veut le véritable arriviste, pas lui rendre parfois visite.

Alors, comment vivre à la Cour, quand on n'est pas (encore) noble ?

Pour ce faire, rien ne vaut d'entrer dans l'intimité d'un proche du Tout-Puissant.

La cible qui vient d'abord à l'esprit, c'est sa femme. La méthode, efficace de tout temps, continue de faire ses preuves aujourd'hui. Combien de belles carrières lancées par des services rendus à Danielle, Bernadette, Cécilia puis Carla, Valérie puis Julie, Brigitte, ces épouses ou compagnes de nos présidents les plus récents ?

Pour l'heure, la reine, Marie Leszczynska, était inaccessible, sauf à se mettre au polonais, langue difficile, hérissée de consonnes.

Pierre-Augustin attaqua donc les filles. Elles étaient quatre, un nombre de sœurs qui ne faisait pas peur à notre ami : il en avait la pratique. Mme Adélaïde avait vingt-cinq ans,

Mme Victoire vingt-quatre, Mme Sophie vingt-trois, Mme Louise vingt. Chance : elles s'ennuyaient à mourir.

Pour revenir une seconde à notre époque, rappelez-vous Georges Pompidou. Qu'avait-il trouvé, lui, jeune agrégé de lettres, pour s'évader de la morosité mal payée du professorat et se rapprocher du pouvoir ? S'occuper de la Fondation Anne-de-Gaulle, en hommage à la fille du Grand Charles atteinte de trisomie. Bien lui en prit, jusqu'à la présidence de notre République.

Pour séduire le quatuor de demoiselles, Pierre-Augustin ne chercha pas longtemps. Avec les montres, il avait forcé la porte. Avec la musique, il allait s'installer dans les meubles.

Merci, la harpe, un instrument dont il jouait plutôt bien. Il en avait d'ailleurs, toujours bricoleur, amélioré le mécanisme.

Depuis une décennie, les femmes de la haute société s'étaient prises de passion pour cet instrument. Elles en aimaient les sons cristallins. Elles savaient surtout que jouer de la harpe rend plus gracieuses que taper frénétiquement sur un clavier ou souffler dans une traversière. Vos mains se promènent sur les cordes comme pour de longues caresses. Vos têtes se penchent, vos yeux sourient et soudain, de sous votre robe, un escarpin mutin surgit et pointe vers la pédale. Ajoutons qu'à l'exemple des montres les harpes de ce temps-là étaient œuvres d'art. Leurs montants de bois s'ornaient de peintures, le plus souvent des scènes champêtres. Pour un visage, peut-on rêver cadre plus charmant ?

Par quelles manœuvres Pierre-Augustin parvint-il, après leur avoir vendu des montres, à devenir maître de musique des filles de Louis XV ? Mystère et chapeau bas. Certes, on pouvait le qualifier d'amateur honnête. Mais les concurrents ne devaient pas manquer, d'un tout autre savoir et d'une virtuosité incomparable.

Le fait est.

Notre horloger a maintenant ses entrées régulières au palais.

On a beau ne douter de rien, on s'étonne quand même un peu, et on jouit beaucoup, du moins au début, car vient vite la mauvaise/maudite habitude de fréquenter le sommet. Ah le bonheur de franchir régulièrement la grille, fermée pour tous les autres ! Ah la très feinte modestie de répondre « mais au château bien sûr » quand un proche vous demande où se trouve votre bureau ! Ah l'excitation de frôler les secrets d'État, d'ouïr quelques bruits d'alcôves ou princiers !

Outre jouer, Pierre-Augustin amuse. Et se rend indispensable. Courtisan, c'est-à-dire domestique, il se charge de toutes les missions qu'on veut bien lui confier : Pierre-Augustin, ça ne vous ennuierait pas de me rapporter de Paris ce chocolat vanillé dont on parle tant ? Pierre-Augustin, cher, mon chien tousse. Il paraît que près de Saint-Séverin, une femme soigne les bêtes comme personne. À l'instant, Madame, je m'en charge.

Trois de ces quatre nobles élèves ne trouveront jamais mari et resteront « vieilles filles » selon l'expression sinistre encore en vigueur il y a peu. Quant à la quatrième, en entrant au Carmel, elle choisira le seul époux digne de son père Louis, le Christ Soi-même.

Il est à parier que dans ce désert de présence masculine, n'a jamais dû les quitter le souvenir de ce jeune horloger, si bien fait et si drôle, libre, si libre, tant dans ses manières que dans ses propos. Mon Dieu, ce qu'il nous a fait rire ! Comment peut-on, de si basse naissance, oser de telles insolences ? Me les rappeler suffit à me faire devenir toute rouge !

Aujourd'hui, ce qui ne vaut pas la peine d'être dit, on le chante.

Le Barbier de Séville, acte I, scène 2

5

Une erreur de mariage

1756.

Pierre-Augustin vient de fêter ses vingt-quatre ans.

Et il piaffe.

Ses succès, aussi éclatants soient-ils, sont loin d'avoir apaisé son ambition. Pour continuer d'avancer dans la vie, il lui faut sans tarder trouver femme. On aura compris que l'amour, dans cette affaire, n'est en rien concerné. Sa vie de famille, à commencer par ses quatre sœurs éperdues de leur frère, lui offre chaque jour autant de sentiment qu'il en peut recevoir. Mais une épouse, ayant du bien il va sans dire, le poserait plus solidement et plus haut dans la société.

Avouons-le : son choix déçoit. À l'évidence il pouvait trouver mieux. Il a beau avoir découvert le secret permettant de réguler l'allure des montres, il ne sait déjà pas calmer son impatience. Une hâte l'habite, qui jamais ne le quittera. Le temps, chez lui, ne cesse de prendre le mors et s'en va dans de longues cavales impossibles à maîtriser.

L'élue est Madeleine-Catherine Aubertin, une encore jeune (trente-quatre ans), pour le moment épouse d'un vieillard (quarante-neuf ans), le dénommé Franquet.

La dame est de la boutique une cliente de plus en plus assidue. Il semble bien qu'elle soit, dès le premier regard, devenue folle de ce gamin d'horloger.

Son vieux mari occupe à Versailles la charge de « contrôleur de la bouche du roi ». En d'autres termes, il sert à table et tient comptabilité de la cuisine. Épuisé par cette lourde car double tâche, il veut s'en défaire. À qui mieux la vendre qu'à l'ami de sa femme ? Pierre-Augustin s'endette. Le voici contrôleur. Et bientôt marié. En effet, le Franquet, ayant sans doute considéré qu'il gênait, a préféré quitter cette Terre. Madeleine-Catherine ne sera pas longtemps restée veuve. Une précipitation indécente que le Ciel ne lui pardonne pas. La toute récente épouse à son tour décède, après une année seulement de nouvelles épousailles. Notre héros se retrouve veuf, et entraîné dans le premier des innombrables contentieux qui vont animer sa vie.

Le contrat de mariage stipule, sans aucune ambiguïté, que l'entièreté des biens de la communauté doit revenir au survivant. Mais la famille de Madeleine-Catherine ne l'entend pas de cette oreille. Comment cet aventurier de Caron peut-il oser prétendre toucher le bénéfice d'un si bref mariage ? Et d'ailleurs, ce décès de leur parente, est-il bien certain qu'il soit naturel ? Ce maudit horloger ne l'aurait-il pas quelque peu précipité ?

Odieux soupçons, procédures haineuses, les juristes s'étripent. Bientôt les héritiers Aubertin découvrent la faille : ce fameux contrat, les tourtereaux avaient oublié de le faire enregistrer ! En conséquence, la justice ne pourra que le déclarer nul.

Voilà Pierre-Augustin nu. Ou plutôt moins que nu. Car son nouvel état l'avait autorisé à changer son train de vie, les revenus de sa femme lui ayant permis d'emprunter. Ne lui restent que des dettes. Ne nous inquiétons pas trop pour notre ami : c'est un prince du rebond. Comme la suite va le prouver.

De toutes les choses sérieuses, le mariage étant la plus bouffonne…

Le Mariage de Figaro, acte I, scène 9

6

Guerluchonner

Merci à Maurice Lever, immense et méticuleux biographe de Sade et Beaumarchais, deux maîtres guerluchonneurs !

C'est à lui que je dois, sinon la découverte de la chose, du moins celle du mot résumant la chose.

Aux curieux des relations humaines, conseillons deux ouvrages informés et savoureux. Charles Pinot Duclos : *Mémoires pour servir à l'histoire des mœurs du XVIIIe siècle* (Paris, 1751). Et un trésor : *Journal des inspecteurs de M. de Sartines* (Bruxelles, 1863).

Ce Sartines, avant de se purifier la tête en devenant un légendaire ministre de la Marine, avait exercé la charge de lieutenant criminel du Châtelet puis de lieutenant général de police.

C'est à ce titre qu'il rémunérait une foule d'inspecteurs le tenant informé du moindre mouvement d'alcôve dans la ville de Paris et ses proches alentours. Après lecture et dû fichage des personnalités concernées, ces rapports étaient transmis au roi Louis XV, lequel, dit-on, s'en délectait. Preuve, s'il en était besoin, que le voyeurisme passe souvent par la lecture. Et d'ailleurs aussi par l'oreille : on se rappelle avoir appris, par « l'affaire des écoutes », que François Mitterrand prenait vif plaisir à tout apprendre de la vie très privée de certaine actrice pour laquelle il semblerait qu'il ait eu comme un penchant.

Revenons au siècle qui nous importe présentement.

Voici un extrait d'un de ces rapports concernant une demoiselle Lacroix, figurante attitrée dans les ballets de l'Opéra : « Le prince de Belosinski est parti depuis quelques jours pour l'Angleterre. Malgré toutes les promesses qu'il avait faites à la princesse son épouse de ne plus voir la demoiselle Lacroix, il lui rendait encore souvent des visites. Mais je crois qu'à son retour il ne la verra plus parce qu'il a découvert que M. de Beaumarchais, jeune homme fort aimable, fils de M. Caron, horloger du roi, la guerluchonnait souvent, rejoignant dans ces pratiques M. de Bussy, mousquetaire, depuis qu'il a quitté Mlle Laforest, également du corps de ballet. »

Pour parfaire votre information sachez que le guerluchon est, officiellement, l'amant d'une femme mariée, mais que le sens du mot s'est étendu à toute activité intime, la plupart du temps rémunérée.

Vous découvrirez également que perdure, dans certaines régions de France, à commencer par le Berry, le culte d'un saint Guerluchon, dont les statues doivent être soit protégées soit constamment renouvelées. En effet, ce saint, patron de la fertilité, est toujours représenté pourvu d'un attribut de taille prouvant sa capacité. Figurez-vous que certaines femmes en mal d'enfant viennent nuitamment racler le bois, et même la pierre, dudit attribut pour s'en faire moult décoctions dont elles espèrent grand fruit.

Ne comptez pas sur moi pour détailler ses frasques, je me dois de respecter tant sa pudeur que la tranquillité de ses descendants. Mais ma passion de la vérité m'oblige à dire que le sieur Caron fils, nouvellement veuf et pas encore Beaumarchais, nonobstant ses innombrables autres occupations, profitait de sa bonne mine pour ne cesser de guerluchonner, ici et là, et pas seulement dans le corps de ballet.

En toute espèce de biens, posséder est peu de chose ; c'est jouir qui rend heureux.

Le Barbier de Séville, acte IV, scène 1

7

Se trouver un nom

Un soir, à la Comédie-Française, dans la loge de l'actrice Adrienne Lecouvreur, le comte de Rohan-Chabot apostrophe l'auteur que la salle vient d'acclamer :

– Arouet ? Voltaire ? Enfin, avez-vous un nom ?

La réplique fuse :

– Voltaire, monsieur ! Je commence mon nom quand vous finissez le vôtre !

Pour ce mot, l'écrivain sera bastonné par les valets de l'aristocrate puis embastillé (de quinze jours à six mois selon les sources), avec tout de même certains égards. Le gouverneur de la prison reçoit cette lettre : « Le sieur Voltaire est d'un génie à avoir besoin de ménagements. Son Altesse royale a trouvé bien que j'écrivisse que l'intention du Roi est que vous lui procuriez toutes les douceurs et la liberté de la Bastille qui ne seront point contraires à la sécurité de sa détention. »

S'il l'a laissé « nu », financièrement parlant, ce bref mariage avec la veuve Aubertin n'a pas laissé Pierre-Augustin sans bénéfice.

Jusqu'alors, il s'appelait Caron.

Comment voulez-vous avancer dans la vie précédé par ces deux misérables petites syllabes ?

Vous me direz que des Capet étaient devenus rois de France, sans plus de référence. Mais les temps avaient changé.

Pierre-Augustin avait beau aimer et respecter son père, et montrer envers sa famille une fidélité active qui jamais ne se démentira, il avait en lui assez de réalisme pour savoir que « Caron » ne le mènerait à rien.

Or Franquet, l'officier de bouche et feu mari de Madeleine-Catherine, avait eu la bonne idée d'acquérir dans la région d'Arpajon, aujourd'hui dans l'Essonne, une terre de superficie modeste, appelée faute de mieux par les autochtones Beaumarchet, patronyme de l'ancien propriétaire. Ce minifief ne portait aucun droit, ni celui de pouvoir s'en baptiser, ni, moins encore, celui de conférer la noblesse.

Beaumarchet, Beaumarchais, se répète Caron. Cela sonne. Et me convient. Beau, on me dit tel.

Et Marchais, marché, marcher : cela préfigure le commerce, qui, je le devine, sera ma compétence. Et marcher, avancer sans s'arrêter, c'est ma nature même. Va pour Caron de Beaumarchais ! Un jour Caron aura le tact de se faire oublier. Nous le garderons en respectueux souvenir mais ne le regretterons pas.

Toutes proportions gardées, je me souviens du jour où j'ai écrit à Julien Gracq pour lui demander l'autorisation de me rebaptiser du nom d'Orsenna. Dans son roman, *Le Rivage des Syrtes*, Orsenna est le port imaginaire, mi Venise, mi Raguse. On y attend l'ennemi, qui tarde à venir. De son écriture précise et fine, l'habitant légendaire de Saint-Florent-le-Vieil m'avait répondu par une malice : « Attendons de voir comment vous allez habiter ma ville ! »

Un nom tout neuf, un pseudonyme, est une maison, une vraie maison, avec un toit et des murs qui protègent de la pluie et du froid.

Mais c'est aussi un espace encore vide qu'il va s'agir de remplir.

Le nom nouveau, le pseudo-nom, le pseudonyme est un bateau sur lequel on emménage puis on embarque. Et à nous, la pleine mer.

Caron était mort, ou quasi.

Beaumarchais l'avait poussé dans les coulisses et n'allait plus quitter le devant de la scène.

8

Se faire adopter par un vieux et riche

L'intimité d'un quatuor de princesses royales, rien de plus prestigieux, et protecteur à l'occasion, mais ça ne nourrit pas.

Lucidement, Beaumarchais considéra son âge (déjà vingt-six ans) et l'état de ses finances :

1) son mariage ne s'était pas montré aussi profitable qu'espéré ;

2) son emploi d'« officier de bouche » lui rapportait des clopinettes ;

3) le commerce des montres, même hors de prix, avait atteint ses limites ;

4) l'entièreté de sa famille vivait désormais à ses crochets ;

5) la diminution de son niveau de vie n'était pas une hypothèse envisageable.

Conclusion : il lui fallait de l'argent.

Où le trouver ?

La réponse était simple : chez les riches.

Une nouvelle campagne commence, dans laquelle la séduction va devoir aborder d'autres territoires : après les femmes, plutôt jeunettes, faisons-nous aimer des hommes d'un âge qui leur permet d'avoir accumulé assez.

En un mot, à nous les vieux !

Le premier de la liste est Charles Guillaume Borromée Le Normant, plus glorieux cocu de France puisque marié à... Mme de Pompadour. Quand on a pour rival le roi lui-même, seuls les imbéciles se laissent envahir par l'aigreur de la jalousie. Les autres profitent de l'aubaine et monnaient au mieux leur complaisance. C'est ainsi que Charles avait pu acquérir, dans l'est de Paris, le château d'Étiolles où il donnait de joyeuses fêtes. Facile pour Beaumarchais de s'y faire inviter. Encore plus facile d'en devenir le boute-en-train et la coqueluche. Nous le savions musicien. Voici qu'il se découvre un autre talent, qui plus tard deviendra génie : écrire des pièces.

Charles et ses amis raffolent de *parades*, de brèves farces, effrontées et vives, très imitées de la *commedia dell'arte*. Elles se jouent en famille et l'on peut s'y laisser aller à l'ironie, à la satire, à la gaudriole. Délicieuses occasions de se moquer du maître de maison tout en le célébrant. Beaumarchais s'en donne à cœur joie et paie de sa personne. Il joue tous les rôles : auteur, acteur, compositeur de la musique. *Jean Bête à la foire*, *Colin et Colette*, *Les Députés de la Halle et du Gros-Caillou*, *Zizabelle mannequin*... Aux titres des œuvres on devine qu'elles ne sont pas inoubliables. Mais l'horloger se fait la main, rode ses mécaniques, peaufine des personnages et s'exerce à les faire parler *juste*. Merci à son enfance dans le quartier Saint-Denis !

On ne trouve pas toujours ce qu'on cherche, l'essentiel est de chercher, trouver viendra. Sans qu'on puisse deviner la nature de la trouvaille. Goûtons ces surprises : elles sont le sel de la vie. En science, on appelle sérendipité ce genre de fécondes erreurs de parcours. En se rapprochant de l'époux Pompadour, Beaumarchais croyait monter dans le carrosse qui conduit à la richesse. C'est à la gloire théâtrale qu'il se préparait. Le *Barbier* et le *Mariage* sont des enfants d'Étiolles.

Sans cesser de goûter les rires, les applaudissements, et les étreintes qui s'ensuivent, il s'agissait de passer sans tarder aux choses sérieuses. Je veux dire trouver un vrai financier, pour qui les seules *parades* seraient celles qui comptent, en d'autres termes, plus vulgaires mais pertinents, *rapportent*.

Les fées n'avaient pas oublié notre ami. Après lui avoir fait l'inestimable cadeau de quatre sœurs, voici qu'elles allaient lui offrir un quatuor de frères, les Pâris, tous millionnaires. L'origine de cette fortune ne sentait pas la rose puisque née de trafics dans les fournitures aux armées. Mais l'argent n'a pas d'odeur, comme on sait, et l'odorat du jeune Beaumarchais ne devait pas être des plus sensibles.

Le plus riche de la famille s'appelait Joseph. Pour qu'on le distingue des autres Pâris, il y avait collé Duverney. Son surnom voulait tout dire : tout le monde l'appelait « le général des farines ». Il venait de fêter ses soixante-quinze ans et se battait pour faire aboutir le plus vaste de ses projets (et potentiellement le plus rémunérateur) : bâtir une École royale militaire. Une belle et noble idée venue, justement, de la Pompadour : accueillir les enfants des gentilshommes tombés sur le champ d'honneur et leur donner, gratuitement, la plus solide des éducations et la plus utile au pays.

Le chantier, gigantesque, avait commencé en 1751, sur un dessin de Gabriel, le meilleur architecte du temps (on lui devra plus tard deux des plus belles places du monde : celle de la Concorde et celle de la Bourse à Bordeaux).

Pour trouver les premiers fonds, on avait fait feu de tout bois : lancer un emprunt, taxer les cartes à jouer... lancer une loterie. Ce genre de tirage existait depuis la nuit des temps. Mais le séducteur vénitien Giacomo Casanova, de passage à Paris, en propose une nouvelle version qui, bientôt, fait fureur. On l'appelle roue de la fortune. Comme aujourd'hui, des billets numérotés tournent dans une cage. Une main innocente en pioche quelques-uns. Rien n'y fait. Cette affaire se révèle un gouffre, il faut toujours plus.

Les travaux n'arrêtaient pas de reprendre. Pour s'interrompre à nouveau. Cette fois, qui allait payer ? La moindre pratique de l'univers des Travaux publics vous apprendra qu'un budget initial ne sera pris au sérieux que par les naïfs. Son dépassement est *la règle.* Ah qui dira le génie des entreprises pour se trouver des *impondérables* ! Et que peut faire un financier, même filou (pardon pour le pléonasme), contre un *impondérable* ?

Pâris-Duverney n'en peut plus. Ses forces l'abandonnent. C'est alors que surgit ce Pierre-Augustin de vingt-sept ans (nous sommes en 1759).

Dès leurs premiers échanges, Joseph succombe. Derrière le charme du jeune homme, il repère tout de suite les qualités essentielles au banquier : la créativité de l'intelligence fondée sur l'amour du concret et la passion des solutions, une très agréable absence de scrupules et, plus que le talent des contacts, cette capacité rare à aimer *sincèrement* les personnes qui pourraient vous être utiles. Pâris-Duverney se revoit quarante ans plus tôt. Il sait qu'il a trouvé le complice, l'autre lui-même, en un mot le fils, celui qu'il n'attendait plus.

L'ancien va tout confier au débutant : son savoir, ses techniques, ses secrets, son réseau, son crédit (illimité, lorsque Pierre-Augustin aura besoin de fonds pour ses propres investissements). Quant à cette sorte de flair, qui permet de savoir à la seconde quel projet refuser et sur quel autre s'embarquer et avec qui pour partenaire, cette lecture instinctive de l'époque, cette petite voix qui vous dicte à quel moment acheter, à quel autre vendre, ce sixième sens qu'on appelle communément le *sens des affaires,* pas besoin de l'enseigner.

Il paraît bien que notre Pierre-Augustin l'ait porté en lui dès la naissance. Peut-être même avant.

Toujours est-il qu'après avoir élégamment bricolé dans l'horlogerie et la musique, le voici accueilli, par la plus large porte, au royaume de la Finance. Il ne le quittera plus, demeurant tout au long de son existence informé de tout, voulant participer à tout, essayant de tirer parti de tout, et le maximum.

Bref, un prince des opportunités.

Le Comte : Pourquoi faut-il qu'il y ait toujours du louche en ce que tu fais ?

Figaro : C'est qu'on en voit partout quand on cherche des torts.

Le Comte : Une réputation détestable !

Figaro : Et si je vaux mieux qu'elle ? y a-t-il beaucoup de seigneurs qui puissent en dire autant ?

Le Comte : Cent fois je t'ai vu marcher à la fortune, et jamais aller droit.

Figaro : Comment voulez-vous ? la foule est là : chacun veut courir, on se presse, on pousse, on coudoie, on renverse, arrive qui peut ; le reste est écrasé.

Le Mariage de Figaro, acte III, scène 5

9

S'acheter la noblesse

Il ne suffit pas de glisser un semblant de particule entre son patronyme et la petite terre héritée de feue sa femme. On ne devient pas aristocrate pour autant. Et ce manque de noblesse n'est pas seulement une tare. C'est un frein dans l'ascension sociale, l'interdiction de monter vraiment haut. Cela, notre Beaumarchais ne peut l'accepter.

À l'époque, comme aujourd'hui, l'État est endetté. Vieille maladie française. Mais il dispose d'une ressource, hélas interdite depuis notre Révolution : vendre, le plus cher possible, des charges auxquelles s'attache un titre de noblesse. Ces charges sont le plus souvent inutiles. Qu'importe ! Elles ne sont pas là pour servir la Nation mais pour lui rapporter.

Parmi tous ces offices, l'un se trouve bientôt sur le marché, celui de « secrétaire du roi ». Sa responsabilité est grande : signer les lettres destinées aux chancelleries étrangères et s'assurer ensuite qu'un cachet de cire les a bien scellées.

Celui qui devient *secrétaire* acquiert la noblesse, avec la possibilité de la transmettre à ses héritiers, à la seule condition d'avoir exercé plus de vingt ans ce travail épuisant.

Ce brevet coûte un bras : soixante-cinq mille livres. Heureusement que le nouvel ami de Beaumarchais, Pâris-Duverney, propose de lui en prêter (donner ?) cinquante-cinq.

Un dernier obstacle demeure. M. Caron père, comme nous savons, est horloger. En d'autres termes boutiquier. Ah le mot vulgaire ! « Travailler », c'est, pour un noble, *déroger*, exercer une activité incompatible avec son rang et avec son rôle dans la société.

Pierre-Augustin prend donc sa plus belle plume pour demander à son cher papa de bien vouloir abandonner son métier, certes des plus honorables, mais – les choses étant ce qu'elles sont, ah qui dira l'imbécillité des préjugés ? – gênant.

Ledit papa aime trop son fils pour ne pas ravaler sa fierté. Il obtempère et cède à l'un de ses gendres, le dénommé Lépine, l'œuvre de sa vie.

Et c'est ainsi que Pierre-Augustin Caron de Beaumarchais s'offre la noblesse.

Drôle de noblesse en cette fin d'Ancien Régime. Il suffit d'un peu, beaucoup d'argent pour l'acquérir. Mais si tous les nobles se croient d'une nature *différente* de celle des autres humains, les plus récents d'entre eux portent une morgue encore supérieure: ils affirment devoir cette *différence* à leur qualité propre et non à l'héritage.

Pour Beaumarchais, seule cette nouvelle noblesse est digne de respect car elle est due au *mérite* (synonyme chez lui de capacité financière). L'ancienne, la « vraie » noblesse est méprisable. « Vous vous êtes donné la peine de naître, et rien de plus », fera-t-il dire plus tard à Figaro dans son adresse au Comte. « Du reste homme assez ordinaire. » Nous verrons que c'est pour cette phrase, au fort parfum de soufre et de barricades, que son *Mariage* sera interdit par l'ensemble des cours d'Europe.

Tel est Pierre-Augustin, en cette belle année 1762, celle de ses trente ans. Trente ans ! Comment l'imaginer ? À peine né, on se retrouve déjà bien engagé dans sa vie. Et pourtant, qui, mieux qu'un horloger, sait à quel rythme passent les heures ? Alors, faudrait-il ralentir l'allure ? Mais je suis un homme pressé. Qui peut changer sa nature ? Trente ans. Un charme ravageur qui compense, ou exaspère, un orgueil insupportable. Riche et noble, le fils Caron a gravi au plus vite toutes les marches de l'escalier social.

L'entièreté du possible s'offre à lui. Que va-t-il en faire ?

Entre-temps, l'Histoire de France a suivi son chemin.

Louis XV n'est plus le « bien aimé » de ses débuts. Il ne mourra que douze ans plus tard, mais déjà les colères grondent.

L'opinion ne supporte plus la personne du roi. Son inconduite dégoûte. La Pompadour est haïe, qualifiée partout de « sangsue ». On se scandalise du Parc-aux-Cerfs, ce réservoir de jeunes créatures achetées à leurs parents pour assouvir l'appétit du monarque. Sur une statue de lui érigée sur la place qui porte son nom (Louis-XV, aujourd'hui la Concorde), une main a écrit : « Le vice est à cheval. » On tourne en ridicule son manque de volonté d'autant que sa seule vraie décision aboutit à une catastrophe.

La guerre qu'il va mener, allié à l'Autriche et la Russie, contre la Prusse et la Grande-Bretagne va durer sept ans (1756-1763), tuer ou blesser 170 000 Français, nous faire perdre la majeure partie de notre empire colonial (dont le Canada) et ruiner le pays, obligeant à lever de nouvelles taxes, occasions de nouvelles frondes.

D'autres temps se préparent. On peut prédire qu'ils seront troublés. Aussi propices aux habiles que meurtriers pour les convaincus.

10

L'esprit de famille

Moi, j'entre ici, où, par la force de mon art, je vais, d'un seul coup de baguette, endormir la vigilance, éveiller l'amour, égarer la jalousie, fourvoyer l'intrigue, et renverser tous les obstacles.

Le Barbier de Séville, acte I, scène 6

Beaumarchais a trop aimé son enfance pour ne pas tout entreprendre pour la retrouver.

C'est dans ce but touchant qu'il achète, 26 rue de Condé, une charmante demeure, siège, aujourd'hui, des éditions du Mercure de France. Au rez-de-chaussée: cuisines et salle à manger. Au premier, les appartements du maître de maison. Les deux étages supérieurs sont réservés à ses deux sœurs non mariées et à son père.

Le bonheur ancien revient, comme s'il avait attendu derrière la porte. Rires, musique, jeux, dîners, intrigues... Sans doute l'atmosphère la plus joyeuse de Paris.

Celui qui fait le plus plaisir à voir est Pierre-André Caron. Il avait traversé une passe difficile en perdant à la fois sa femme qu'il chérissait, et l'horlogerie, son métier qu'il aimait et auquel il avait tant donné. Il renaît, ragaillardi par cette ambiance de fête perpétuelle. Et puis, figurez-vous que son père s'est vite consolé de n'être plus horloger. Rue de Condé, on reçoit de plus en plus souvent la visite d'une certaine veuve Jeanne Henry, née Guichon. Le fils est tout joyeux pour son papa. Maurice Lever a retrouvé l'une de ses lettres, merveilleuse. « Je ne suis point étonné de votre attachement pour elle : c'est la gaieté la plus honnête et un des meilleurs cœurs que je connaisse... Elle a été mariée, mais je mettrais ma main au feu qu'elle n'a pas encore bien connu ni joui de son cœur. Si j'étais de vous, je sais bien comment je m'y prendrais. »

Il faut croire que le père sait également s'y prendre car bientôt sont célébrées les noces de ces deux tourtereaux de soixante-sept et soixante-deux ans.

Vive la vie, qui n'a pas d'âge !

Tonton (Jeanne-Marguerite) et Julie ne sont pas en reste d'amusements. Une ronde de prétendants les entoure. Se laisser parfois entraîner, séduire un moment, pourquoi pas ? Mais pour quelle raison s'arrêter à l'un plutôt qu'à l'autre ? Quand le ciel vous a fait cadeau d'un tel frère, quelle folie peut vous pousser à vous affubler d'un mari ?

Finalement, le plus sage de la bande est Pierre-Augustin. Après avoir intensément guerluchonné les demoiselles du corps de ballet, il songe à s'établir. Et la personne envisagée est une ravissante, originaire de Saint-Domingue, alors colonie française. Mlle Pauline Le Breton, outre sa joliesse, sa gentillesse et ses vrais talents de musicienne, présente l'incomparable avantage des filles uniques. C'est la seule héritière de ses parents. On parle d'une gigantesque plantation de cannes à sucre. Mais il se murmure aussi que la propriété est grevée d'hypothèques. Vous comprendrez qu'avant de s'engager, le fiancé doive se faire une idée claire du bien de sa promise. Comment voulez-vous goûter l'amour s'il ne s'accompagne pas du confort nécessaire ? Pierre-Augustin envoie donc un comptable dans l'île des Caraïbes. En attendant son retour et les résultats de l'enquête, il abandonne la pauvre Pauline car Madrid le réclame.

*
* *

Depuis longtemps déjà, Marie-Josèphe et Lisette lui manquaient. Peut-être pour échapper à l'emprise familiale, elles avaient décidé, huit ans plus tôt, de partir de l'autre côté des Pyrénées pour ouvrir dans la capitale espagnole un magasin de « frivolités », autrement dit une boutique de mode où étaient présentées les dernières élégances de Paris. Si Marie-Josèphe avait trouvé bon mari en la personne d'un architecte de talent, Louis Guilbert, Lisette restait toujours fille malgré son âge : déjà trente-deux ans ! Et puis s'était présenté un certain José Clavijo y Fajardo. En plus de ses activités de directeur adjoint du Muséum d'histoire naturelle, le joli cœur écrivait sur les domaines les plus divers, par exemple les relations conflictuelles entre les Jésuites et les rois successifs ou l'histoire de l'armée espagnole. Il était connu dans Madrid, et plutôt respecté.

Lisette et José se fréquentent, se plaisent, se fiancent. La date des épousailles est fixée. Joie des deux sœurs ! On les imagine farfouiller dans leur magasin : quelle robe trouver pour la noce ? L'occasion est trop belle d'éblouir ces rustres de Madrilènes.

Et puis soudain, catastrophe. José rompt. Et pour le plus injurieux des motifs. La manière de vivre de ces dames lui semble « diamétralement *opuesta al honor y a la racionalidad* », diamétralement opposée à l'honneur et à la rationalité. Stupeur ! Lisette souffre. Marie-Josèphe s'étrangle de colère. Une semaine plus tard, un homme frappe à la porte des frivolités. C'est le José, tout penaud. Il s'excuse, Lisette fond et rouvre ses bras. Quelque temps plus tard, nouvelle dérobade du promis. Puis nouvelle contrition. Cette valse-hésitation dévaste la pauvre Lisette qui tombe gravement malade. C'est alors que Marie-Josèphe appelle à l'aide. À peine sa lettre lue, Beaumarchais quitte tout, Pauline, ses affaires et Versailles pour sauter dans une diligence.

Est-ce sa faute si, tout le long du chemin, de gentes dames lui sourient ? Une escale coquine est avérée à Tours. D'autres sont probables. Petit Poucet d'un autre genre, Beaumarchais essaime son parcours de cœurs brisés. Comment et pourquoi aller contre sa nature ? On ne change pas les rayures du zèbre.

Bordeaux, Bayonne. Après cinq bonnes semaines de route, il arrive enfin à Madrid. Les deux sœurs sont bouleversées. Quel frère nous avons ! Accourir ainsi alors qu'on le sait tellement occupé !

Clavijo est illico convoqué et accepte de reconnaître ses torts. « J'ai ouvertement outragé cette vertueuse demoiselle à laquelle je demande pardon par cet écrit fait librement et de ma pleine volonté. » Mais peut-on forcer un homme à épouser une femme dont il ne veut pas vraiment ? L'argument du libre arbitre n'est pas de ceux qui laissent insensible Beaumarchais, même s'il s'agit de sa sœur. D'ailleurs, ce don José est sympathique et doté, semble-t-il, d'un réseau de relations qui pourraient être utiles. Pourquoi ne pas s'en faire un ami ? Il suffit d'un dîner dans l'un de ces restaurants chaleureux qui jouxtent la porte du Soleil. Quant à Lisette, nous lui trouverons un autre mari.

Ainsi s'achève, en deux temps, trois mouvements, l'« affaire Clavijo ». Bien plus tard, un épilogue heureux viendra conclure cette noce ratée. Devenu directeur du Théâtre royal, Clavijo accueillera la pièce de son ex-futur beau-frère, *Le... Mariage de Figaro.*

Telle est la première version du voyage à Madrid. Salut admiratif à ce frère, modèle de fidélité, de dévouement, de générosité, de désintéressement, de réactivité...

Une autre interprétation est possible.

11

Où nous découvrons qui est le véritable inventeur de la stratégie dite du *en même temps*

Avant de cavaler vers Madrid, Beaumarchais avait réussi, en peu d'années, à s'introduire dans les cercles les plus fermés du pouvoir. Il s'était fait aimer de Choiseul soi-même. Lequel grand ministre n'avait qu'une obsession : rabattre le caquet de l'Angleterre. Notamment en retissant des liens étroits entre les deux branches des Bourbon, ceux de France et ceux d'Espagne. Le moment était venu d'envoyer à Madrid un émissaire secret. Pourquoi pas ce Beaumarchais ? Si brillant, si charmant, si séducteur, si travailleur. Pas diplomate professionnel, certes, ni espion, mais en ayant déjà les qualités.

C'est ainsi que naît notre soupçon. Et si la version du frère chevaleresque courant sauver l'honneur bafoué de sa sœur n'était qu'une « couverture » ? Et si la raison de cette expédition était plus d'ordre géopolitique que familiale ?

Poursuivant notre réflexion, et commençant à connaître notre personnage, l'évidence nous vient sous forme d'une question : pourquoi choisir ?

Et si les deux explications du voyage à Madrid s'ajoutaient l'une à l'autre ? Dans l'histoire récente de notre pays, nous avons vu un jeune inconnu se faire élire président sur la base d'un programme qui tenait en trois mots. Ils conviennent à Beaumarchais, ils pourraient même lui servir de devise.

EN MÊME TEMPS.

EN MÊME TEMPS LA DROITE, EN MÊME TEMPS LA GAUCHE, pour Emmanuel Macron.

EN MÊME TEMPS CHEVALIER, EN MÊME TEMPS ENVOYÉ SPÉCIAL, pour Pierre-Augustin Caron.

Comme le remarque Jean-Pierre de Beaumarchais, descendant direct de notre héros EN MÊME TEMPS qu'universitaire de grand savoir, EN MÊME TEMPS est la devise et la morale et l'appétit de vivre du XVIIIe siècle dans son entier. Inventeur du jardin anglais sauvage et réglé, de la philosophie distrayante, de l'opéra-comique chanté ou parlé... du despotisme éclairé !

Quelle différence avec la formule chère au siècle suivant, le JUSTE MILIEU, aussi bourgeois que Louis-Philippe et tellement, tellement, tellement ennuyeux.

Une fois lancée la mécanique *attrape-tout* du EN MÊME TEMPS, vous ne pouvez plus l'arrêter.

Et si notre héros avait été d'abord envoyé à Madrid par son mentor Pâris-Duverney ? Le financier avait des affaires là-bas. Et d'autres, bien plus vastes, à lancer. À qui d'autre qu'à son quasi-fils adoptif confier l'ouverture du marché espagnol et de ses colonies ? La Louisiane, par exemple. Immense territoire, possession dédaignée des monarques espagnols. Pourquoi ne pas nous en accorder la concession ? Nous saurions, dans l'intérêt commun, en tirer de satisfaisants bénéfices. Et votre armée ? Chacun sait qu'elle est mal équipée. Comment pourra-t-elle remplir sa mission dans les temps dangereux qui s'annoncent ? La fourniture est notre cœur de métier. Nous sommes prêts.

Tels étaient les messages que Beaumarchais avait mission de porter. Pour ce faire, il lui fallait des contacts. Rien de plus aisé pour lui : comme à son habitude, une fois ses deux sœurs réconfortées, il allait s'occuper à séduire.

En commençant par la marquise de La Croix, femme du gouverneur de la Galice et ancienne maîtresse, disait-on, du cardinal Acquaviva. À peine rencontrés, les deux, d'un premier coup d'œil, se reconnaissent de même race, aventurière et gourmande. Un passage par le lit leur permet de vérifier cette intuition première. Les voilà complices.

Beaumarchais poursuit son entreprise de charme auprès des ambassadeurs. Mention spéciale pour les représentants de la Sainte Russie, le délicieux couple Buturlin. Nous n'irons pas jusqu'à dire que l'ambassadeur et comte était un mari complaisant. Mais son épouse bâillait tellement les soirs où ne venait pas dîner l'incomparable animateur Beaumarchais...

Les semaines passent.

Et... rien n'arrive. Les ministres espagnols reçoivent le Français, lui sourient, lui promettent, et ne décident pas. De cette langueur administrative, l'air ambiant est certes coupable. Il fait si beau, si chaud... On ne pense qu'à la sieste et à aimer. D'autres raisons plus sérieuses expliquent ces atermoiements. L'Espagne ne veut pas trop défier l'Angleterre, qui prendrait la mouche de trop belles faveurs accordées à des Français.

Pourtant Beaumarchais n'avait pas ménagé sa peine ni les vives ressources de son imagination. À force de longues conversations d'alcôve, il avait fini par convaincre sa marquise bien aimée,

Mme de La Croix, de se donner au roi. Coucher n'est-il pas le moyen le plus sûr pour exercer de l'influence ? Les favorites françaises avaient montré l'exemple. La dame se met au travail. À chaque réception, regards appuyés, démarche alanguie, allusions transparentes, Mme de La Croix sait y faire pour aguicher. Si Charles III est sans doute le seul homme prude de son royaume, c'est qu'il vit dans le souvenir éploré de sa défunte épouse. Mais cette fois, il semble intéressé. Poussé par son seul vrai confident, son valet de chambre, il invite la belle dans sa résidence très privée de Saint-Ildefonse. Rendez-vous est arrangé pour le soir. La marquise se prépare. Les heures passent. Point de monarque. Pris de panique, il s'est réfugié dans sa chambre. Au matin, il présente ses excuses. Une nouvelle rencontre est décidée. Nouvelle dérobade. Au bout d'une semaine de ce petit jeu, la marquise quitte le petit palais, furieuse. Jamais, jusqu'à ce jour, personne n'avait dédaigné le cadeau de son corps.

Beaumarchais ronge son frein. Mais engrange.

S'il n'a pas logé son Barbier à Madrid, c'est à cette douzaine de mois passés dans la capitale espagnole qu'il doit les si réjouissantes espagnolades de sa pièce. Et pour un musicien comme lui, l'oreille est chaque soir à la fête et s'enchante de guitare. Comme tout le monde il danse, séguedille et fandango. Gens du peuple ou comte et comtesse, domestiques, notaires et fonctionnaires, on dirait que tous les personnages de ses futures pièces se sont donné rendez-vous dans la rue pour lui entrer dans la mémoire.

Les missions à lui confiées, diplomatiques et commerciales, s'achèvent sur le plus complet des échecs, EN MÊME TEMPS que se mitonne son triomphe théâtral futur. L'entrepreneur, en lui, ne décolère pas. Le reste de sa vie durant, il va détester l'Espagne et les Espagnols : malgré sa gesticulation de séducteur professionnel, tous les contrats escomptés ont été délégués à d'autres. Mais l'artiste entretient avec le temps une relation singulière.

Si l'homme d'affaires veut des *résultats, tout de suite*, le créateur est recycleur dans l'âme, alchimiste de la métamorphose. Rien n'est déchet pour lui. Il suffit que passent les années, la plus cruelle des défaites lui devient victoire, l'aigreur de la rebuffade se change en le miel du succès, le silence de la tristesse se couvre d'applaudissements.

> *Figaro : [...] accueilli dans une ville, emprisonné dans l'autre, et partout supérieur aux événements...*
>
> *Le Comte : Qui t'a donné une philosophie si gaie ?*
>
> *Figaro : L'habitude du malheur. Je me presse de rire de tout, de peur d'être obligé d'en pleurer.*
>
> *Le Barbier de Séville*, acte I, scène 2

12

Méthodologie de la rupture

De retour à Paris, Beaumarchais apprend que les nouvelles de Saint-Domingue n'annoncent rien de bon : une plantation dont la propriété est incertaine, d'inextricables conflits familiaux, de probables cauchemars comme tout ce qui vient d'une indivision, une justice locale gangrenée par le pire des cocktails, la corruption et l'indolence…

Si le charme de Pauline, la belle créole, demeure, la qualité et la quantité de son bien semblent de moins en moins assurées.

Dans ces conditions, la vie étant ce qu'elle est, coûteuse, est-il bien raisonnable de s'unir pour la vie avec une telle personne ?

Poser la question, c'est y répondre.

Reste à rompre.

Les goujats fuient ou font silence.

Les courageux affrontent le vif déplaisir d'un dernier entretien : Très chère, il faut qu'on parle.

Les filous trouvent un *prétexte*. Le *prétexte* est le sauveur de celui qui n'aime plus.

D'après certaines rumeurs, Pauline recevrait trop souvent un certain chevalier de Seguiran, oui, celui-là même qui peu de mois auparavant poursuivait Julie de ses assiduités !

Beaumarchais ne cherche pas plus loin. Cette double perfidie est matière parfaite à colère.

La Caribéenne a le sang chaud. Le ton monte. Des noms d'oiseaux s'échangent. L'irréparable est atteint. Bon vent, belle mer, chacun reprend sa liberté.

Tout irait pour le mieux dans le meilleur des mondes si le filou était délicat. Or c'est le pragmatisme qui souvent chez lui tient lieu d'élégance. Notre Beaumarchais a le culot de présenter les frais engagés par lui pour éclaircir la situation financière de la jeune femme à Saint-Domingue. Démarche aussi vulgaire que vaine : Pauline, à condition même qu'elle en eût la volonté, n'avait pas les moyens de rembourser. À bien y réfléchir, cette impécuniosité apportait de l'eau au moulin de cette rupture, la preuve que cette union n'aurait jamais apporté au mari la paix financière qu'il est en droit d'attendre.

Et comme un bonheur n'arrive jamais seul, Beaumarchais, dans le même mouvement, trouve à vendre sa charge de secrétaire du roi et achète un office plus prenant, mais beaucoup plus rémunérateur. Voici qu'il devient lieutenant général des chasses aux bailliage et capitainerie de la Varenne du Louvre.

La chasse, plaisir du roi, était interdite à tout autre. Sur le territoire dont il avait la responsabilité, le lieutenant général se chargeait de faire respecter ce droit. Sa « Varenne du Louvre » s'étendait autour de Paris et ne comprenait rien moins que les forêts de Fontainebleau, de Rambouillet, de Saint-Germain et de Compiègne.

Pour un revenu annuel très confortable, Beaumarchais devient magistrat. Et magistrat il demeurera jusqu'en août 1789, date à laquelle la Révolution s'empressera de supprimer ces tribunaux iniques.

Emploi incongru s'il en fut pour notre personnage.

Pouvez-vous imaginer qu'un mardi sur deux, quinze années durant, notre ami se vêtirait solennellement pour aller délibérer dans une vaste salle du Louvre et condamner à de lourdes peines, parfois aux galères, de pauvres bougres, souvent tenaillés par la faim…

Lui, Pierre-Augustin, l'amoureux de la liberté !

La logique du EN MÊME TEMPS, qui comporte bien des avantages, suppose une capacité particulière de l'estomac, celle d'avaler sans malaise les pires des contradictions.

13

La jalousie des dieux

De retour en France, ayant retrouvé son petit paradis de la rue de Condé, Beaumarchais reprend sa vie. Sans prendre garde au grandissant courroux qu'il suscite. L'envie est une maladie contagieuse qui ne s'arrête pas aux frontières et gagne jusqu'au ciel.

Au Vietnam, les familles n'oublient jamais de s'exclamer à chaque naissance : oh comme il est laid, ce nouveau-né ! répugnant même, et comme il a l'air bête ! Il ne faut surtout pas que les divinités jalousent le tout-petit, la vie minuscule qui vient d'arriver.

Rien n'est plus loin de Pierre-Augustin que cette sagesse de la dissimulation. Trop fier et trop satisfait de ses réussites, il ne cesse de les afficher. Jusqu'alors les dieux avaient pris plaisir à regarder grandir, et séduire, et s'enrichir cet horloger hissé jusqu'à la noblesse, cet homme aimé de la finance et adoré des femmes.

Soudain, vers 1766, on ne sait pourquoi, ils prennent ombrage. Et frappent. À coups redoublés.

La séquence mauvaise s'annonce par une illégalité, durement punie par l'escroquerie d'un homme de paille.

Pâris, toujours à l'affût de bonnes affaires, recommande une opération. L'archevêque de Chinon veut rebâtir son palais qui menace ruine. Il décide de mettre en adjudication mille des cinq mille hectares de la forêt voisine qu'il possède avec le roi. La vente des arbres pourrait rapporter gros. Beaumarchais décide de suivre le conseil et de créer une société forestière. Comme il n'a pas le droit, en tant que juge au Tribunal des chasses, d'assurer une telle gestion, il confie l'affaire à un prête-nom, un dénommé Lesueur. Lequel, à peine installé, se déclare chez lui. Vous voulez voir mon titre de propriété ? Le voici, en bonne et due forme, et signé devant notaire. Rembourser l'argent qui a permis l'achat de la fameuse forêt ? Mais pourquoi donc ? Ce papier ne prouve-t-il pas que j'en suis l'officiel et unique propriétaire ?

On se demande comment notre héros, d'ordinaire si malin, a-t-il pu se montrer si naïf ?

Ce coûteux épisode n'est que la première des vagues, d'une tout autre violence, qui ne vont maintenant plus finir de déferler.

Pour se reposer de ses bévues forestières, Beaumarchais s'est mis à écrire une pièce de théâtre. Et ne doutant de rien, comme à son habitude, il ne cesse de clamer qu'il prépare un chef-d'œuvre. Et chacun d'attendre avec impatience cette *Eugénie ou la Vertu malheureuse.* On sait de son auteur qu'il débute mais qu'il est brillant et inventif. On va se régaler. Comme le note Maurice Lever, avec un sourd regret que nous sommes nombreux à partager, heureuse époque où théâtre et libertinage étaient les deux seules vraies passions parisiennes ! La censure ayant approuvé le texte, la Comédie-Française commence les répétitions. Le grand soir arrive, 29 janvier 1767. En coulisse, l'auteur se meurt de trac, malgré sa confiance congénitale. Une heure après, il aurait tout donné pour une mort véritable. Ça bâille dans la salle et ça ricane, ça commence à huer. Lorsque le rideau finit par tomber, et que se rallument les lumières, on se regarde, consterné, et puis on se joint au mouvement, on se dresse et on siffle : c'est si bon de se dégourdir quelque chose du corps après s'être tant fait braire. Un chroniqueur écrira : « Je n'ai point encore vu d'auteur paraître pour la première fois contre lequel le public se soit aussi généralement déchaîné. » Un autre prédira : « Cet homme-là, qu'on dit d'une grande fatuité, ne fera jamais rien de bon, même de médiocre. »

Les dieux, quant à eux, sont ravis. Merci, la Comédie-Française ! Ils ont pris vif plaisir au spectacle de cette dégringolade.

Ravis mais non rassasiés.

Ce premier assaut leur a donné le goût du sang. Ce Beaumarchais mérite d'autres coups. Il est vraiment trop réjouissant de bastonner un tel petit-maître. Celui qui se croyait écrivain a reçu la leçon qu'il méritait, maintenant frappons l'homme.

L'occasion ne tarde pas. Une veuve de belle allure, Geneviève-Madeleine Wattebled, s'étant proposée gentiment de consoler le dramaturge, la noce est célébrée en avril 1768. En décembre leur naît un fils. Bonheur de Beaumarchais, en dépit d'un nouvel échec au théâtre car sa pièce *Les Deux Amis* est rejetée encore plus vivement que son *Eugénie*. Qu'importe. Il semblerait bien, contre toute attente, que l'époux goûte la vie conjugale. Et même qu'il se découvre un penchant pour la fidélité. Toujours est-il que Geneviève-Madeleine, derechef, *attend*. Vient au monde une fille. Qui ne va vivre que trois jours. Sa mère la suivra peu après dans la tombe.

Les enquêtes d'opinion le confirment : il n'est pas agréable de perdre sa femme, surtout récente et semble-t-il aimée. Mais quelle pire situation que se faire soupçonner de son meurtre alors que vous avez pris d'elle un soin permanent durant tout le temps de sa maladie ? Est-ce votre faute si votre première épouse s'était, elle aussi, trop rapidement éteinte ? Ces douloureuses coïncidences font-elles de vous un assassin ? Bientôt, vous allez perdre aussi cet Augustin qu'elle vous avait donné, ce fils qui vous réjouissait tant. Des fièvres l'emportent.

Les dieux, décidément, s'acharnent.

Après avoir piétiné la vanité de Beaumarchais, après avoir dévasté son cœur, ils s'attaquent maintenant au nerf (de sa guerre), en d'autres termes à son argent.

1770.

Pâris-Duverney, quatre-vingt-six ans, approche du terme de sa vie.

Depuis leur rencontre, une décennie plus tôt, ses affaires et celles de Beaumarchais s'étaient inextricablement liées. Des centaines de milliers de livres avaient passé de l'un à l'autre (principalement du milliardaire vers l'horloger !). Sans la moindre écriture. La confiance était telle entre les deux, pourquoi s'embarrasser de procédures ? Et un financier d'une telle puissance, devant qui tout cède, comment peut-il s'imaginer fragile, mortel ? Cent fois, Beaumarchais lui avait présenté des papiers reprenant les engagements de Pâris, l'authentification de ses dons, ses remises de dettes. Cent fois, le vieil homme avait remis à plus tard. « Pourquoi tant de hâte ? Vous me trouvez si faible ? Vous voulez m'enterrer ? » Pendant ce temps, l'héritier officiel veillait. La fortune de Pâris devait échoir au seul Joseph-Alexandre Falcoz, comte de la Blache, l'un des arrière-petits-neveux.

Le 17 juillet, Pâris finit par rendre son dernier soupir.

Beaumarchais pleure.

Chez lui, comme toujours, l'intérêt se mêle à l'affection. L'argent au sentiment.

Il pleure son vieil ami, leur immédiate complicité, leurs aventures communes.

En même temps, il se chagrine fort pour l'avenir de ses affaires. Il perd son meilleur soutien et doit affronter un rapace, plus jeune que lui, aussi plein de morgue. Et de bien plus vieille noblesse.

Un procès commence. Il va durer huit ans.

Cette longue chicane n'aurait que peu d'intérêt pour nous si une grande œuvre n'était pas née de ces embrouilles : les *Mémoires contre M. Goëzman.* Plus personne ne les lit aujourd'hui.

Ils furent pourtant, de tout le XVIIIe siècle, l'un des plus gros succès de librairie.

14

Honte à la Grand-Chambre

Puisque dans cette affaire d'héritage, la cause privée se mue en affaire publique, un peu d'Histoire s'impose.

Revenons à 1770, décidément l'année clef.

Le 24 décembre, Choiseul trouve au bas de son arbre de Noël, sa lettre de renvoi. Le roi lui enjoint d'aller prendre quelque repos sur sa terre de Chanteloup, près d'Amboise. Il était, depuis douze ans, le premier des ministres, en charge plus particulièrement des Affaires étrangères. Proche de la Pompadour, détestant la Du Barry, il n'allait pas survivre au décès de la première et moins encore à la montée en puissance de la seconde. Il est vrai aussi que ses sympathies pour l'*Encyclopédie* ne lui avaient pas fait que des amis à la Cour.

Un nouveau pouvoir s'installe à Versailles.

Exit Choiseul, bienvenue Maupeou, jusqu'alors garde des Sceaux. C'est un ennemi déclaré des parlements.

Lesquels sont treize. Au nom du roi, ils jugent en dernier ressort. Et d'année en année se montrent plus turbulents. Exerçant de plus en plus souvent leur « droit de remontrance » quand une décision ne leur agrée pas. Sans oublier de réclamer encore et encore la tenue d'États généraux, point réunis depuis 1618.

En dépit de cette indépendance, qui pourrait leur sembler de bon aloi, ni Voltaire, ni Diderot ne les aiment. Voici ce qu'en dit le second : « Intolérant, bigot, stupide… conservant ses usages gothiques et vandales, ardent de se mêler de tout, de religion, de gouvernement, de police, de finances, d'art et de science, et toujours brouillant tout d'après son ignorance, son intérêt et ses préjugés [1]. »

À peine arrivé aux commandes, Maupeou décide d'en finir avec ces nids d'agitateurs et de… « républicains ». Les membres du parlement de Paris sont arrêtés le 20 janvier 1771. En

1. Belle citation retrouvée par Christian Wasselin. *Beaumarchais*, Gallimard, 2015.

remplacement, une Grand-Chambre est instituée. C'est d'elle que dépendra désormais l'issue finale du procès de Beaumarchais. Comment lui faire confiance ? Cette Chambre est bien sûr aux ordres de celui qui l'a créée. Avec en ligne de mire les proches de Choiseul. Parmi lesquels... Beaumarchais. Qui tremble. Il a raison.

Louis Valentin Goëzman, obscur juriste, était venu d'Alsace pour servir le duc d'Aiguillon, l'allié de Maupeou dans sa conquête du pouvoir. En remerciement, il avait été nommé conseiller à la Grand-Chambre. C'est lui qui est désigné comme rapporteur de l'affaire. Il doit rendre ses conclusions dans... quatre jours, le 5 avril 1773, date décidée pour le jugement.

Beaumarchais se rue au domicile du magistrat, quai Saint-Paul. Porte close. Il cherche les moyens de la faire ouvrir. On lui indique un Edme-Jean Le Jay, libraire, qui connaît Gabrielle, seconde épouse de Goëzman. Jolie, légère (trente ans de moins que son mari), dépensière, elle ne serait pas insensible aux cadeaux. Contact est pris. Si quatre mille huit cents livres me sont versées, dit-elle, j'arrange une audience. Accord conclu, grâce au libraire, merci à lui ! Beaumarchais repart en courant quai Saint-Paul. Il est reçu par le couple qui s'apprête à dîner. Goëzman écoute en ricanant la plaidoirie express de Beaumarchais. Au revoir, monsieur.

Il est raccompagné par une servante. Fin de l'entretien.

Durant les quarante-huit heures qui suivent, Beaumarchais tente par tous les moyens de revoir le conseiller. Il lui a paru bien ignorant de la cause qu'il doit juger. Peine perdue. Et mauvaise nouvelle : Gabrielle, via le libraire Le Jay, rend les quatre mille huit cents livres, ainsi qu'une jolie montre sertie de diamants que notre ancien horloger avait, galamment, jointe au « cadeau ».

Le 5 avril au soir, Goëzman remet son rapport.

Sur l'appui duquel la Grand-Chambre rend son jugement.

Sans motivation.

Une première, sans précédent ni successeur dans l'histoire de la justice de notre pays.

Le fameux arrêté du compte des affaires entre Pâris et Beaumarchais est déclaré nul.

En conséquence, Beaumarchais est condamné à verser, *sur l'heure*, la somme de 56 300 livres, augmentée des intérêts depuis cinq ans.

Les huissiers sont lâchés, excités par La Blache. Beaumarchais voit saisir l'entièreté de ses biens. Et son vieux père mis à la rue.

« Je suis au bout de mon courage », écrit-il à Sartines.

Ce découragement sera bref.

Dès le lendemain il prend la plume.

« MÉMOIRE À CONSULTER POUR PIERRE-AUGUSTIN CARON DE BEAUMARCHAIS *écuyer, conseiller-secrétaire du Roi, et lieutenant général des chasses aux bailliage et capitainerie de la Varenne du Louvre, Grande Vénerie et Fauconnerie de France, accusé.* “Pendant que le public s'entretient d'un procès dont le fond et les détails excitent sa curiosité ; pendant que des gazetiers, vendus aux intérêts de différents partis, le défigurent de toutes les manières ; pendant que les méchants accumulent sur moi les plus absurdes calomnies, et ne disputent que sur le choix des atrocités ; enfin pendant que les honnêtes gens consternés gémissent sur la foule de maux dont un seul homme peut être à la fois assailli ; laissons jaser l'oisiveté, dédaignons les libelles, plaignons les méchants, rendons grâce aux gens honnêtes, et présentons ce mémoire à mes juges, comme un hommage public de mon respect pour leurs lumières, et de ma confiance en leur intégrité.” »

Le ton est donné, la charge lancée.

Sonne l'heure de la revanche.

15

Un feuilleton pour délasser les dieux et décoincer les avocats

Si les dieux souffrent de jalousie, un autre plus haut mal les torture, l'ennui. Comment voulez-vous qu'à la longue ils ne se lassent devant le spectacle des agitations humaines, si mornes, si répétitives, et surtout si prévisibles ? Lorsqu'un personnage hors du commun se présente, vous comprendrez qu'après l'avoir durement éprouvé pour vérifier sa capacité de rebond, oui, vous comprendrez que ces dieux, las d'être si las, lui déroulent le tapis rouge et le comblent de toutes leurs complaisances. Et maintenant, amusez-nous, monsieur ! Vous avez quartier libre !

Beaumarchais ne va pas les décevoir.

Ses *Mémoires contre M. Goëzman* paraissent en rafales : le 5 septembre 1773, le 18 octobre, le 15 décembre et, pour faire bonne mesure, un dernier le 10 février de l'année suivante. On s'arrache ce feuilleton judiciaire. En deux jours, dix mille exemplaires sont vendus. Il faut dire que le rythme est vif, le trait acéré, les portraits délectables, les situations cocasses. Beaumarchais qui n'a jamais rien écrit, hormis ses pochades pour égayer le château d'Étiolles et ses deux mauvaises pièces *Eugénie* et *Les Deux Amis*, s'installe d'emblée au sommet, non loin de Diderot, tout près du maître Voltaire. Le but qu'il s'était fixé est atteint : suivre le chemin ouvert par *Les Provinciales* de Pascal, *répandre à pleines mains le sel de la gaieté sur les discussions les plus sérieuses.*

Loin de moi l'idée de mépriser un ordre que le monde entier nous envie, cette catégorie particulière d'avocats qui n'exercent leur talent qu'auprès de la Cour de cassation et du Conseil d'État. Magistrat, vingt-cinq ans durant, au sein de cette dernière institution, j'ai passé mon temps et le reste de ma jeunesse à m'épuiser les yeux dans leurs mémoires. Que n'avaient-ils lu Beaumarchais ! Pour égayer et pimenter leurs écrits futurs, et de ce fait moins assommer celles et ceux qui m'ont succédé au Palais-Royal, je me propose de confectionner un petit pot-pourri.

Voulez-vous un exemple de concision ? « C'est sur la main qui reçoit que le Juge doit avoir l'œil ouvert. Et non sur la main qui donne. La faute de celle-ci n'est qu'un accident éphémère et peu dangereux ; au lieu que l'avidité toujours subsistante de celle-là peut multiplier le mal à l'infini. »

Craignez-vous d'employer la première personne car on vous a dit le moi haïssable ? Ne vous en privez pas : « Moins obligé d'avoir du talent parce que j'ai du courage, la nécessité d'écrire contre un homme puissant est mon passeport auprès des lecteurs. »

Souhaitez-vous raconter, de manière enfin vivante, la confrontation entre deux plaideurs ? Contentez-vous de suivre le modèle : « Mme Goëzman sommée ensuite d'articuler ses reproches, si elle en avait à fournir contre moi, répondit : "Écrivez que je reproche et récuse Monsieur, parce qu'il est mon ennemi capital, et parce qu'il a une âme atroce connue pour telle dans tout Paris, *etc.*" Je trouvai la phrase un peu masculine pour une dame ; mais en la voyant s'affermir sur son siège, sortir d'elle-même, enfler sa voix pour me dire ces premières injures, je jugeai qu'elle avait senti le besoin de commencer l'attaque par une période vigoureuse pour se mettre en force ; et je ne lui en sus pas mauvais gré. Sa réponse écrite en entier, on m'interroge à mon tour. Voici la mienne. "Je n'ai aucun reproche à faire à Madame, pas même sur la petite humeur qui la domine en ce moment, mais bien des regrets à lui montrer de ne devoir qu'à un procès criminel l'occasion de lui offrir mes premiers hommages. Quant à l'atrocité de mon âme, j'espère lui prouver par la modération de mes réponses, et par ma conduite respectueuse, que son conseil l'a mal informée sur mon compte." Et l'on écrivit. Tel est en général le ton qui a régné entre cette dame et moi pendant huit heures que nous avons passées ensemble en deux fois. »

Tremblez-vous d'instiller quelques remarques personnelles ? Croyez-moi : osez ! Votre écrit ne pourra que s'en trouver pimenté. « Je demande pardon au lecteur, si mon ton est un peu moins grave ici qu'un tel procès ne semble le comporter. Je ne sais comment il arrive qu'aussitôt qu'une femme est mêlée dans une affaire, l'âme la plus farouche s'amollit et devient moins austère ; un vernis d'égards et de procédés se répand sur les discussions les plus épineuses ; le ton devient moins tranchant ; l'aigreur s'atténue ; les démentis s'effacent, et, tel est l'attrait de ce sexe qu'il semblerait qu'on dispute moins avec lui pour éclaircir des faits, que pour avoir occasion de s'en approcher. »

Et surtout, ne craignez pas d'affronter ceux des journalistes qui n'écoutant que leur sens moral défendent avec la plus intime conviction le parti qui sert le mieux les intérêts de leur employeur. Le gazetier de ce temps-là s'appelait Marin, dit La Bourse, le Maringouin ou l'Hippopotame. Beaumarchais saisit son tic, qui était à tout propos de s'écrier *ques a co. Ques a co* pour « qu'est-ce que c'est ? ». Tout Paris se met à résonner de *ques a co.* Si fort que la modiste de la dauphine Marie-Antoinette en crée une coiffure, qui bientôt fait fureur : trois plumes portées sur l'arrière de la tête.

Je n'aurai garde, craignant l'impudence, de multiplier ces références. Mais renouvelle mon humble conseil. Lisez, chers avocats, et relisez ces *Mémoires contre M. Goëzman.* Vos défenses, ennuyant moins et distrayant plus, triompheront davantage.

16

Trop de gloire pour un blâme

On dirait une fable d'Ésope retravaillée par La Fontaine :

Un jour il arriva que sa gloire ayant agacé le roi
Un certain animal en fut puni et rogné dans ses ailes.

Beaumarchais vient de perdre contre La Blache un premier procès.

Un second s'ouvre, qu'il ne va pas gagner non plus.

La ruine est riche de profondeurs insoupçonnées. On croyait avoir atteint le fond. On peut vous faire encore descendre.

Est close l'affaire de l'héritage Pâris-Duverney.

Voici que s'ouvre maintenant celle des fameux Mémoires et de leurs grotesques personnages : le falot conseiller Goëzman, Gabrielle son écervelée d'épouse, le trouble libraire Le Jay, le tout petit Bertrand d'Airolles.

Oui, ce samedi 26 février 1774, le tribunal doit rendre sa décision : Beaumarchais avait-il le droit d'écrire des pages d'une telle violence, d'une telle drôlerie. On se doute que la nuit précédente, il n'a guère dormi.

Au petit matin, il rejoint le Palais de Justice. Une foule déjà s'y presse. Les débats entre les cinquante-cinq magistrats vont durer la journée. Seule l'angoisse empêche Beaumarchais de suffoquer de fatigue.

Dans les rues voisines, la tension, au fil des heures, ne cesse de monter. Faudra-t-il faire donner la troupe pour calmer le désordre ? Et puis vers le soir, la rumeur se répand : ça y est, ils ont voté ! Mais où sont les juges ? Une fois leur décision votée, la prudence leur a recommandé de s'éclipser par une porte dérobée. On finit par apprendre le verdict, accueilli par des cris de colère.

Le lecteur d'aujourd'hui ne pourra que goûter la langue de ce temps-là. Mais pour celui qui écoute sa condamnation le moment n'est pas à l'appréciation du style.

« Pierre-Augustin Caron de Beaumarchais "sera mandé à la Chambre pour, étant à genoux, y être blâmé ; le condamne en outre en trois livres d'amende envers le Roi, à prendre sur ses biens", ordonne que les quatre mémoires imprimés en 1773 et 1774 seront "lacérés et brûlés au pied du grand escalier du Palais par l'exécuteur de la Haute Justice, comme contenant des expressions et imputations téméraires, scandaleuses et injurieuses à la magistrature en général, à d'aucuns de ses membres, et diffamatoires envers divers particuliers ; fait défenses audit Caron de Beaumarchais de faire à l'avenir pareils mémoires, sous peine de punition corporelle ; et pour les avoir faits, le condamne à aumôner au pain des prisonniers de la conciergerie du Palais la somme de douze livres à prendre sur ses biens." »

Pour faire bonne mesure, et manière de ne pas trancher, les époux Goëzman sont eux aussi blâmés et eux aussi condamnés à diverses réparations.

Accablé, Beaumarchais, mais partout acclamé.

Il n'a plus rien. Ni biens, ni droits.

Mais en une seule et folle journée, le séducteur exaspérant, l'homme d'affaires plutôt louches est devenu martyr de la liberté, un chevalier blanc en lutte contre l'arbitraire et la corruption, le principal opposant à Maupeou, à sa bande et à sa Chambre aux ordres.

Chacun veut le voir, pour lui témoigner son estime, lui offrir son soutien. Même les plus grands seigneurs, à commencer par le prince de Conti.

Dangereuse popularité !

Le dernier mot n'appartient pas (encore) à la rue. Quinze ans nous séparent encore de la prise de la Bastille.

Ce début de révolte inquiète, au plus haut niveau de l'État. Et si à Versailles Beaumarchais compte de fidèles soutiens, notamment auprès de la dauphine Marie-Antoinette, le vieux roi Louis XV se méfie de cet aventurier, trop brillant, trop séduisant, insaisissable, allumeur de feux sans doute incontrôlables.

La nouvelle lui étant parvenue qu'on allait bientôt l'arrêter, il disparaît. Plus personne ne sait où a bien pu passer la gloire du moment.

La fable est une comédie légère, et toute comédie n'est qu'un long apologue : leur différence est que dans la fable les animaux ont de l'esprit ; et que dans notre comédie les hommes sont souvent des bêtes, et, qui pis est, des bêtes méchantes.

Préface au *Mariage de Figaro*

17

Devenir barbouze pour se faire pardonner

Homme insolent s'il en est, Beaumarchais se soucie fort de sa respectabilité. Mais d'avoir été ainsi blâmé le hante. Seul le roi peut lever la sanction. Le prince de Conti sert d'intermédiaire et lui propose une mission. Se rendre secrètement à Londres. Un maître chanteur doit y être empêché de continuer à nuire. Pour se faire pardonner, notre ami est prêt à tout. Et cette nouvelle activité n'est pas pour lui déplaire.

L'Angleterre est alors le refuge de toutes sortes de personnages plus ou moins recommandables. Elle accueille notamment ceux qui veulent publier des ouvrages sulfureux, parmi lesquels un certain Charles Théveneau de Morande qui a le projet de faire paraître des *Mémoires secrets d'une femme publique,* le récit (non autorisé) de l'existence de la Du Barry, favorite en titre.

Cocasserie de la situation. Beaumarchais, condamné en France pour sa liberté excessive, se retrouve outre-Manche pour exercer la censure.

Ce Morande est une crapule, ayant commencé sa carrière par des vols... de montres. Et l'ayant poursuivie par diverses escroqueries qui lui ont valu la prison, laquelle était déjà la meilleure des demeures pour s'y faire des relations utiles. Suite à d'autres méfaits, il se voit contraint de quitter précipitamment la France. À Londres, il vient de lancer une feuille à ragots, le *Gazetier cuirassé*. Beaumarchais le rencontre, le menace puis l'enrôle, non sans l'avoir... dédommagé. Les *Mémoires secrets* sont brûlés. La Du Barry sera contente.

C'est alors que, début mai 1774, meurt Louis XV, vaincu par la variole. Son petit-fils lui succède. Ce Louis XVI de vingt ans est lourdaud, lent, privé de charme, terrorisé par la chair, ennemi des plaisirs, en un l'inverse de notre dramaturge. Inutile d'attendre de lui le plus petit soutien, pas même le remboursement de son voyage.

Beaumarchais se retrouve sans ressources ni emploi.

Son ami Sartines, toujours chef de la police, lui revient en aide. Une deuxième mission est proposée à cet agent secret qui, quoique débutant, a prouvé son efficacité. D'après les informations reçues à Paris, une nouvelle publication se prépare à Londres, tout aussi odieuse que la précédente. Elle attaque les proches du roi, et d'abord son épouse, Marie-Antoinette. La feuille de route est simple : débrouillez-vous comme vous voulez, ce libelle au titre embrouillé ne doit pas voir le jour : *Dissertation extraite d'un plus grand ouvrage, Avis important à la branche espagnole sur ses droits à la couronne de France à défaut d'héritiers et qui peut être utile à toute la famille de Bourbon.*

Beaumarchais constitue son équipe : un jeune aristocrate, fou d'admiration pour lui et qui désormais ne le quittera plus (Paul-Philippe Gudin de La Brenellerie) et... Morande, son ex-cible devenu son complice, infiniment précieux pour ses connaissances dans les milieux glauques.

Le trio improbable arpente la nuit les bas-fonds de la ville à la recherche de l'auteur présumé du torchon, un certain William Hatkinson, en fait Vénitien et qui porte un nom (le vrai) de nature à tromper son monde : Guglielmo Angelucci (*sic*).

La vie se fait théâtre. Où s'arrête l'une, où commence l'autre ?

Et dans ce théâtre, s'invitent, sans se faire annoncer, des dizaines d'épisodes tout droit venus d'Alexandre Dumas. Sauver la réputation de Marie-Antoinette ! L'aventure de notre trio ne vous rappelle rien ? D'Artagnan et ses mousquetaires eux aussi avaient accouru en Angleterre, eux aussi tout dévoués à leur reine Anne d'Autriche, pour récupérer non des écrits injurieux mais des ferrets de diamants.

Quand on aime vraiment la vie, on ne se contente pas de théâtre, il vous faut du roman d'aventure.

*

* *

Vive Covent Garden, vive les bords de la Tamise ! Beaumarchais se sent chez lui dans cette foule grouillante. Sa chère rue Saint-Denis n'est pas loin, ni ses Halles bien aimées.

Enfin Guglielmo est retrouvé. À condition de recevoir une somme à définir, il acceptera de détruire sa *Dissertation*.

Comme Morande, le Vénitien est bien plus maître chanteur qu'éditeur. Quand on peut se faire payer un écrit, pour quelle raison s'épuiser à le distribuer puis attendre qu'il se vende ?

Je me souviens de ma prime jeunesse. Certains grands reporters m'avaient pris en affection et me transmettaient quelques petites recettes utiles pour bien vivre sans trop se fatiguer... Quand tu seras un peu plus vieux, et par suite plus connu, il te suffira de faire comme nous. Tu annonces ton projet de te lancer dans la biographie que tout le monde attend, celle de l'avionneur Marcel Dassault. Tu promets des révélations gênantes. La secrétaire du milliardaire ne manquera pas de prendre contact avec toi. Et comme nous, tu seras reçu dans le bureau légendaire du rond-point des Champs-Élysées. Ne t'inquiète pas, l'entretien durera peu. Quand on fournit en Mirages l'armée française, on n'a pas trop de temps à perdre.

– Je serais vous, grincera M. Dassault, sans quitter son cache-nez, j'abandonnerais votre projet.

Et il ouvrira un coffre-fort, dont il sortira une poignée de gros billets.

Revenons à l'an de grâce 1774.

L'accord ayant fini par être trouvé, William-Guglielmo accepte d'indiquer l'endroit où sont entreposés les ouvrages malfaisants. Beaumarchais et ses deux acolytes y courent et les brûlent. Angelucci attend la fin des flammes pour annoncer, la bouche en cœur, qu'il ne s'agissait là que d'une petite moitié du stock.

On tuerait volontiers cette tête à claques. Mais l'honneur de la reine est en jeu. On se contrôle. On reprend son calme. Nouvelle négociation, nouvel accord. Départ de la petite bande vers la Hollande pour se débarrasser du solde.

Amsterdam.

Dans un premier temps, Angelucci joue le jeu pour lequel il a été rémunéré. D'autres exemplaires du brûlot sont détruits. Mais soudain, alors qu'on peut penser l'affaire réglée, plus de nouvelles. Le Vénitien s'est évanoui. Grâce aux réseaux de Morande (pour lutter contre un faisan, rien ne vaut un aigrefin), on apprend que l'Angelucci s'est enfui en Allemagne pour y lancer une autre édition de la fameuse *Dissertation à la branche espagnole.*

Qu'à cela ne tienne ! Sautons sur nos chevaux et sus au malhonnête !

La suite de l'histoire hésite entre la vérité, domaine glacé du certain, et cet espace flou où l'on ne sait ce qui l'emporte du mensonge, de l'imagination, de la commodité.

Les faits avérés sont les suivants.

Le 20 août, Beaumarchais arrive à Vienne, hirsute, les os quasi rompus, ensanglanté de partout, le visage lacéré de griffures. Il frappe à la porte du Palais-Royal, se présentant comme envoyé du roi de France en charge d'un message personnel pour... l'impératrice. Malgré son triste état (ou grâce à lui), il est reçu. Il présente à Marie-Thérèse le document pour lequel on a, raconte-t-il avec force terrifiants détails, tenté de l'assassiner dans la forêt de Neustadt. La mère de Marie-Antoinette hoche la tête, prend connaissance du texte. Après avoir convenu qu'en effet il n'était guère gentil pour sa fille, elle... fait enfermer Beaumarchais. Le temps de quelques vérifications bien légitimes.

Un mois plus tard, tout est bien qui finit bien. Pierre-Augustin retrouve sa liberté et peut revenir à Paris la tête d'autant plus haute que d'excellentes nouvelles l'y attendent.

L'ami Sartines vient d'être promu ministre (de la Marine).

La réforme Maupeou est annulée, les anciens parlements rappelés.

Chacun sait que le blâme sera levé. Il suffit d'attendre.

Vive la vie !

Peut-on imaginer que trois mois plus tôt, cet agent secret du nouveau roi, cet homme de confiance était solennellement blâmé, c'est-à-dire le personnage le plus déshonoré du royaume ?

Peut-on imaginer que ce policier subalterne et parallèle, ce coureur de bas-fonds, ce chasseur de bandits à travers l'Europe entière, ce combattant de ses mains avait été, il y a peu encore, l'un des financiers les plus puissants du pays, habillé de dentelle, nourri d'ortolans, dormant dans la soie ?

Figaro : [...] *feindre d'ignorer ce qu'on sait, de savoir tout ce qu'on ignore ; d'entendre ce qu'on ne comprend pas, de ne point ouïr ce qu'on entend ; surtout de pouvoir au-delà de ses forces ; avoir souvent pour grand secret de cacher qu'il n'y en a point ; s'enfermer pour tailler des plumes, et paraître profond, quand on n'est, comme on dit, que vide et creux ; jouer bien ou mal un personnage, répandre des espions et pensionner des traîtres ; amollir des cachets ; intercepter des lettres ; et tâcher d'ennoblir la pauvreté des moyens, par l'importance des objets. Voilà toute la politique, ou je meurs !*

Le Comte : Eh ! c'est l'intrigue que tu définis !

Figaro : La politique, l'intrigue, volontiers ; mais, comme je les crois un peu germaines, en fasse qui voudra. J'aime mieux ma mie au gué, *comme dit la chanson du bon Roi.*

Le Mariage de Figaro, acte III, scène 5

18

Éloge de la ménagère

Le cas est moins fréquent dans la réalité que dans les rêves, mais il arrive, oui, il peut arriver qu'une belle lectrice sonne un beau jour à la porte d'un écrivain, même débutant, et veuille, de toutes les manières possibles, lui témoigner son admiration.

Et d'ailleurs, bien plus qu'une soi-disant vénération de l'art en général et de la littérature en particulier, quelle meilleure raison d'écrire que l'espoir fou, justement, qu'un beau jour l'amour, attiré par vos pauvres lignes, sonne à votre porte ?

Si vous ne me croyez pas, lisez les chroniques de l'année 1774. Noël approche. Beaumarchais reçoit d'un ami la bonne nouvelle qu'une très jolie jeune dame souhaiterait le rencontrer pour… « qu'il lui prête sa harpe ». L'amour se nourrit de prétextes, comme nous savons. Mais avouez que celui-ci n'a rien d'habituel et nourrirait la folie interprétative des psychanalystes, si nous leur en laissions le loisir au lieu de faire galoper notre histoire.

Beaumarchais répond que, par principe, il ne prête jamais sa harpe. « Mais si cette personne veut venir, je l'entendrai et elle pourra m'entendre. »

Ils vont s'entendre, tout le reste de leurs vies.

L'admiratrice a vingt-deux ans, s'appelle Marie-Thérèse-Amélie de Willermaulaz, un nom qui fleure bon la Suisse, d'où vient sa famille. Elle porte la coiffure à la mode, ce panache en plumes baptisé *ques a co*. Ses yeux sont grands et bleus, sa carnation pâle, sa conversation enjouée, son esprit libre, sa culture aussi manifeste que discrète.

Chère Marie-Thérèse, donnez-moi une seule vraie raison de nous quitter ce soir.

N'en trouvant pas, la Suissesse s'installa, sans autre condition que celle de ne jamais s'ennuyer. Une promesse que Beaumarchais pouvait plus facilement tenir que celle de lui rester fidèle.

Un jour, après douze années de vie commune, ils décidèrent de se marier.

Un autre jour, une fille leur vint.

Hurlez, braves gens, notre auteur appelait son amour *sa ménagère*.

Prenez connaissance des merveilles que sont ses lettres et vous verrez qu'elle ne savait pas manier que des casseroles.

« J'ai moins besoin qu'une autre de puiser des consolations et de rechercher de l'appui hors de moi. La nature m'a donné une force, un courage, une gaieté de caractère et une sorte de philosophie routinière et d'instinct qui suffisent à tous mes besoins, et me trouvent préparée à tous les événements qui gâtent le présent et l'avenir. En ce qui touche les espérances pour l'autre vie, j'avoue que je ne m'en occupe point du tout. Je roule dans mon tourbillon et je ne me sens ni crainte ni désir qu'il s'arrête. »

Qui écrit : Marie-Thérèse ou Pierre-Augustin ?

Alors permettez à l'écrivain d'aujourd'hui de jalouser l'écrivain d'autrefois : pourquoi, mais pourquoi celles qui, de temps à autre, se présentent à votre porte, pourquoi ont-elles perdu le goût de la harpe et ce talent épistolier ?

Le Comte : A-t-elle ce bras ferme et rondelet ? Ces jolis doigts pleins de grâce et d'espièglerie ?

La Comtesse : Ainsi l'amour ?...

Le Comte : L'amour... n'est que le roman du cœur : c'est le plaisir qui en est l'histoire ; il m'amène à tes genoux.

Le Mariage de Figaro, acte V, scène 7

19

Un barbier pour l'éternité

Depuis maintenant des années, une voix intérieure lui raconte une histoire toute simple : celle d'un vieillard qui se prépare à épouser sa pupille. Un amant bien plus jeune le *prévient* (au sens de « pré-venir », arriver avant). Aidé par un très malin figaro, il réussit à se marier avec la belle dans la maison même de son tuteur. Cette comédie sera située à Séville (qui viendrait au théâtre applaudir les roueries d'un barbier de… Poitiers ?), égayée de musiques et pimentée d'espagnolades.

Sans fin, il se remet à l'ouvrage.

Croiriez-vous que dans une toute première version baptisée *Le Sacristain,* tous les personnages sont là, Bartholo, Rosine, Lindor, Bazile, sauf... Figaro ?

Les chefs-d'œuvre ont une biographie propre. Celle du *Barbier* serait joyeuse à raconter. Vous y découvririez, par exemple, une première Rosine plus délurée que la nôtre, se plaignant crûment des fiascos de son vieux mari, « mort de la ceinture en bas », « avec un homme comme lui, je ne sais par quel bout m'y prendre ».

Enfin, il se juge satisfait et vient lire sa pièce devant le comité de la Comédie-Française. Accueil enthousiaste. Peu après, le censeur officiel donne son accord.

Pour fêter ces bonnes nouvelles, et le remercier de certains prêts d'argent, le duc de Chaulnes invite l'auteur chez sa maîtresse, Mlle Ménard.

Erreur fatale.

Dans ses Mémoires secrets, la Du Barry donne de l'actrice un savoureux portrait : « Les plus grands seigneurs du château, les grands colliers de l'ordre, des fermiers généraux aspiraient à l'honneur de se ruiner pour elle. Elle en avait déjà contenté une douzaine de ces deux espèces lorsque le duc de Chaulnes se mit sur les rangs ; il l'emporta sur ses rivaux, il fut heureux. Il l'aurait été longtemps sans la plus grande imprudence qu'un galant puisse faire. Et qu'il fit ! »

Dans l'instant, la Ménard succombe au charme de Beaumarchais. Passion réciproque.

Fiévreuses étreintes dans tous les lieux possibles, même au jardin. Bientôt les amants sont dénoncés. Tant rugit le duc que l'actrice craint pour sa vie. Ce cocu est grand, costaud et violent. Le fidèle ami Sartines, maître des polices, conseille à la demoiselle de s'exiler un moment.

Mais sitôt revenue de sa retraite, elle rouvre ses bras au dramaturge. Le duc, apprenant la nouvelle étape de son infortune, cherche partout son rival, hurlant qu'il va le tuer. Il finit par le trouver au Louvre où son rival préside une session de son tribunal des chasses. Il l'empoigne, le sort de son audience, et le conduit de force rue de Condé. « Vous y prendrez votre épée, nous allons nous battre ! » Au domicile de Beaumarchais, le duc perd la raison. Sous les regards effarés de toute la maisonnée, dont le vieux père horloger, il casse, il vocifère, il se jette sur Pierre-Augustin, lui griffe le visage, il court en cuisine y chercher un couteau. Alerté par les domestiques, le commissaire Chenu parvient non sans mal à calmer le forcené.

Comme on s'en doute, Paris ne parle plus bientôt que de cette affaire. Le théâtre a sauté de la scène pour continuer dans la rue. Quel amusement !

Beaumarchais ne sort plus sans deux pistolets chargés. La Justice se doit d'intervenir. La cour compétente pour juger des contentieux entre gentilshommes est celle des maréchaux de France, aussi appelée *Tribunal du point d'honneur.* Les deux adversaires y sont entendus. Dans un premier temps, suite aux rapports accablants des témoins, Chaulnes est seul emprisonné, envoyé en cellule de dégrisement, au donjon de Vincennes. Mais il ne ferait pas beau voir un noble récent l'emporter sur un duc et pair. À son tour Beaumarchais, le 26 février 1773, reçoit sa lettre de cachet. Direction la prison du For-l'Évêque, derrière Saint-Germain-l'Auxerrois. Déjà en vif procès contre un puissant, le voici enfermé pour une deuxième affaire qui l'oppose à un autre sang bleu. L'argent et l'amour sont deux champs de bataille où la guerre est dangereuse.

Beaumarchais *arrêté* ! Pour un être tel que lui, en mouvement perpétuel, on ne peut imaginer torture plus terrible. D'autant que pour son procès décisif contre La Blache, la date du jugement en appel se rapprochait. Comment lutter, privé de liberté ? Le détenu, la rage au cœur, signe une lettre d'excuses, c'est le prix à payer pour sortir du For-l'Évêque !

Pendant ce temps, les comédiens français continuent de répéter le *Barbier*, sans qu'on puisse leur donner une date pour la première.

La vie vient d'écrire un nouvel acte qui aurait toute sa place dans la comédie de Séville.

Du temps passe encore et le ciel finit par s'éclaircir. Le duc s'est calmé. Auréolé par ses missions mystérieuses dont personne ne connaît le détail, Beaumarchais est revenu en grâce. Le 23 février 1775, tout Paris se presse au palais des Tuileries, pour être précis dans la salle des Machines. La lumière s'éteint.

Et recommence la malédiction d'*Eugénie* : dès la fin du premier acte, on bâille. Au troisième, on commence à siffler.

La soixantaine d'heures qui suivent ce nouvel échec va compter parmi les plus décisives de cette existence, pourtant riche en épisodes.

Ainsi va la vie : quelques moments clefs, où tout se concentre, s'accélère et se décide. Entre ces « rapides », le flux des jours reprend son cours, tranquille. Notre passage sur Terre se résume à ces quelques *points* d'énergie.

Imaginez une caméra posée sur l'épaule de l'auteur et qui ne l'ait pas quittée tout au long de cette fin d'hiver. Imaginez la fumée, le nombre de chandelles brûlées, de plumes taillées, de papiers noircis puis jetés. Imaginez le jour qui succède à la nuit laquelle enchaîne sur un autre jour. Imaginez les acteurs qui se suivent : il paraît que vous réécrivez, quand pensez-vous pouvoir nous donner nos scènes ? S'il vous plaît, ne tardez pas, pensez à nous, n'oubliez pas que nous jouons demain ! Imaginez la fureur de l'auteur pour chasser ces importuns. Imaginez sa fièvre qui fait taire la fatigue.

Quel film ce serait !

Documentaire, comme il n'en est pas, sur le *retravail,* cette dimension de la création, essentielle et pourtant cachée car honteuse (on préfère croire à l'inspiration, à la dictée de Dieu).

Exercice moral expliquant, par l'exemple, la distinction entre vanité et orgueil. La première ne cesse de vous chanter votre supériorité sur le « public » (qui, décidément, n'est fait que d'ânes). Le second ne cesse de vous convaincre que vous pouviez mieux faire, encore et toujours faire mieux.

Trois jours durant, que personne ne le dérange, Beaumarchais mène sa guerre. Il taille, il jette, il reprend, il déplace, il refond, il relance, il durcit. Toutes les scènes sont revues, raccourcies, tous les dialogues réveillés, toutes les facilités rayées.

Plus tard, Beaumarchais racontera son combat. « Le Dieu des cabales est irrité ! dis-je aux comédiens. Alors, faisant la part au diable et déchirant mon manuscrit : Dieu des siffleurs, moucheurs, cracheurs, pousseurs et perturbateurs, il te faut du sang ? Bois mon quatrième acte et que ta fureur s'apaise ! »

Le dimanche 26, le rideau de la Comédie-Française se lève sur une pièce nouvelle.

Que le public acclame.

Le succès ne va plus se démentir. Les représentations s'enchaînent. Ultime consécration pour celui qui demeure encore *blâmé,* son *Barbier* est invité à la Cour le 14 mars. Et qui, plus tard, jouera Rosine ? Marie-Antoinette, la reine elle-même.

Beaumarchais, d'ordinaire plus rapide, aura mis le temps. Il a quarante-trois ans, sa jeunesse est passée. Mais cette fois, le but est atteint : le voici enfin reconnu comme auteur. Et les clameurs des jaloux, les aigreurs des nouveaux confrères en sont autant de preuves.

Une vie des plus agréables l'attend, celle d'écrivain pour le théâtre. Comparée à celle de romancier (morne et solitaire), son agrément est sans pareil. René de Obaldia m'en donne chaque jour l'exemple. La moindre production de ses pièces est une fête. On le dorlote pour recueillir ses droits, on l'invite respectueusement à donner des avis, surtout on le consulte pour le choix des actrices. Quel plus doux moyen connaissez-vous de renouveler régulièrement vos relations ? Cher, si cher René, sans cette ronde de plaisirs, aurais-tu si joyeusement, l'œil toujours aussi vif et la jambe aussi légère, dépassé les cent ans ?

Bref, un confort lui ouvrait les bras, délicieux à tous égards, celui de l'homme à la mode.

Connaissant notre personnage, vous savez qu'il n'allait pas s'en contenter.

Vite, les bravos l'ennuient. Il ne résiste pas longtemps aux ricanements de son démon, tu vieillis, Pierre-Augustin, tu t'amollis, tu gonfles du ventre, tu t'alanguis du reste. Le lendemain le voit repartir sur les chemins de l'aventure.

Les ouvrages de théâtre, Monsieur, sont comme les enfants des femmes. Conçus avec volupté, menés à terme avec fatigue, enfantés avec douleur, et vivant rarement assez pour payer les parents de leurs soins, ils coûtent plus de chagrin qu'ils ne donnent de plaisir. Suivez-les dans leur carrière : à peine ils voient le jour que, sous prétexte d'enflure, on leur applique les censeurs [...] Au lieu de jouer doucement avec eux, le cruel parterre les rudoie et les fait tomber. Souvent, en les berçant, le comédien les estropie. Les perdez-vous un instant de vue, on les retrouve, hélas ! traînant partout, mais dépenaillés, défigurés, rongés d'extraits et couverts de critiques. Échappés à tant de maux, s'ils brillent un moment dans le monde, le plus grand de tous les atteint, le mortel oubli les tue ; ils meurent, et, replongés au néant, les voilà perdus à jamais dans l'immensité des livres.

Lettre modérée du *Barbier de Séville*

20

Et maintenant, c'est un travesti qui passe

Un siècle plus tard, l'Allemagne sera l'Ennemi.

Pour l'heure, notre détestation permanente, c'est l'Angleterre. Non contente de s'opposer tout le temps et partout à la France, l'Albion, plus que jamais perfide, invite et nourrit dans sa capitale tous les serpents qui pourraient nous nuire : espions et aigrefins, philosophes et républicains (deux insupportables engeances, souvent réunies dans la même personne), maîtres chanteurs et prostitués des deux sexes.

Régulièrement, Paris envoie des agents à Londres pour tenter d'y faire le ménage.

En cette fin des années 1770, le principal souci londonien des ministres français s'appelle

Charles de Beaumont, plus connu, ou plutôt mieux masqué sous le nom du chevalier d'Éon, l'une des légendes du XVIIIe siècle, l'un des personnages qui en incarnent le mieux l'ambiguïté joueuse, la liberté désespérée.

Né à Tonnerre en Bourgogne, le 5 octobre 1728, il commence sa vie par un peu d'avocature avant d'opter pour le métier des armes. C'est ainsi que durant la guerre de Sept Ans (1756-1763), il participe à de nombreux combats. Sa bravoure lui vaut d'arriver au grade de capitaine (des dragons) et son intelligence convainc ses supérieurs de l'envoyer de l'autre côté de la Manche pour certaines vérifications classées secret-défense. Depuis toujours, et Hitler ne fera pas exception, l'ensemble des stratèges du continent européen ont rêvé d'envahir l'Angleterre. Le chevalier d'Éon a pour mission de rassembler les données utiles à ce futur débarquement.

À Londres, il commence par mener grand train en même temps qu'intriguent, fascinent ou bouleversent l'aménité de ses traits, la délicatesse de ses manières. Dans cette ville de masques et d'incertains mélanges, on s'interroge de plus en plus : serait-il Dieu possible que ce trop beau militaire soit une femme ? Charles minaude, laisse chuchoter mais jamais s'approcher. Il a retenu du cardinal de Retz l'utile leçon selon laquelle on ne sort jamais qu'à ses dépens de l'ambiguïté. Laquelle ambiguïté, si l'on sait bien y faire, peut devenir un royaume où la vie, diverse et libre, vaut d'être vécue.

Hélas, les politiques sont volages. Leurs rêves changent comme girouette au vent. Telle idée, hier objet de tous les soins (et soutenue par tous les financements), passe soudain de mode. On oublie ceux qui avaient cru à cette idée et lui avaient donné leur vie. Ils avaient vécu dans l'intimité des dieux puisque dans leur rêve. Ils se retrouvent seuls. Et désargentés. Occupés ailleurs, désormais, les dieux n'ont pas la tête à payer les factures de l'idée ancienne.

À l'Élysée, j'ai bien connu l'un de ces proches puis rejetés : François de Grossouvre. Depuis le début de l'aventure politique de François Mitterrand, il en avait été l'intime, le confident des secrets les plus secrets. Après la victoire de 1981, il avait suivi le mouvement et rejoint le cabinet du nouveau président qui n'avait pas manqué de lui confier des missions d'autant plus valorisantes que hautement confidentielles. Et puis, suite à différents dérapages, notamment avec Kadhafi en Libye, le flux des attentions du monarque s'était tari. On ne demandait plus rien à l'ex-indispensable, sauf de s'occuper des chasses à Chambord et de l'organisation du brame des cerfs.

Il attendait dans son bureau du palais un appel qui ne venait pas. C'est là qu'il s'est tiré une balle dans le cœur, le 7 avril 1994. Drame de l'amour.

À Londres, Charles de Beaumont se trouve dans cette situation, malheureuse donc dangereuse pour le pouvoir qui l'a employé. Le chevalier d'Éon commence à dire, et faire, n'importe quoi. On l'entend même proférer des menaces. Et s'il venait à son esprit aigri l'idée de révéler les plans français de débarquement ? Le ministre Vergennes demande à Beaumarchais de bien vouloir aller calmer l'éploré.

Quelle joie pour lui de retrouver Londres, ses dames piquantes, sa bière abondante et sa musique si dansante !

On se souvient que, lors de son séjour espagnol, notre homme d'affaires avait déjà des vues sur ce continent. Son projet n'avait pas abouti pour la Louisiane. Raison de porter une nouvelle offensive plus au nord. Varier l'angle de l'attaque, pourquoi pas ? Abandonner ? Jamais !

Cette affaire ne peut que passionner notre ami.

Sur les bords de la Tamise, on parle beaucoup d'Amérique. Il paraîtrait que les colonies qu'y possède l'Angleterre réclament leur indépendance ! Le chef des rebelles s'appellerait

Washington et on annonce pour bientôt la venue d'un de ses proches, un quaker nommé Franklin, par ailleurs inventeur du paratonnerre.

Pour l'heure, avant de dompter la foudre et d'aider les peuples à disposer d'eux-mêmes, il faut calmer cet irascible et mystérieux chevalier.

Vergennes avait vu juste : les deux personnages, également sujets de comédie, amoureux l'un comme l'autre de la liberté et de l'aventure et aussi peu scrupuleux sur les moyens, avaient beaucoup pour se plaire. D'autant qu'à cette époque, le chevalier se maquille et se vêt le plus souvent de robes. Où Beaumarchais a-t-il donc la tête pour croire au déguisement ? Tout le temps de leurs rencontres, il n'en démordra pas : le chevalier d'Éon est une femme, un peu âgée, certes, et quelque peu flétrie mais encore capable d'émouvoir. Et c'est en homme séduit, ou du moins touché, qu'il va plaider sa cause. De retour à Paris, il répète au ministre que cette malheureuse doit être pardonnée de ses frasques, remboursée de ses frais, dûment pensionnée et bien sûr autorisée à revenir en France.

Elle devra simplement :

1) remettre ses documents compromettants ;

2) surtout cesser ses enfantillages et jurer de ne plus jamais s'habiller en homme, et moins encore dans ce ridicule accoutrement de capitaine.

Éon signe la transaction, traverse la Manche, et, jamais avare de provocation, se présente au roi Louis XV en… dragon.

Vite, on la confie à Marie-Antoinette et à son habilleuse. Ce joli militaire deviendra leur poupée.

À ceux qui, tel Beaumarchais jusqu'à la fin de sa vie, demeurent convaincus que l'espion était espionne, je tiens à leur disposition le rapport d'autopsie ordonné à la mort d'Éon : il est formel.

> *Après avoir été toute ma vie honnête homme, zélé citoyen et brave militaire, je triomphe d'être femme, et de pouvoir être citée à jamais au nombre de tant d'autres qui ont prouvé que les qualités et les vertus dont les hommes sont si fiers n'ont point été refusées à mon sexe. Pour avoir remis l'épée, aurais-je aussi déposé mes sentiments ?*
>
> *Mémoires*, Chevalier d'Éon de Beaumont

21

Vive l'Amérique libre !

Le rideau se lève sur le Nouveau Monde.

Une pièce dont le sujet, géant, va changer des drames de l'amour et des affaires de famille.

Cette fois, il s'agit de rien moins que de la naissance d'une nation, appelée à devenir la plus puissante de la planète.

Pour faire vivre un argument d'une telle ampleur, il faut des personnages hors du commun.

Sauf par l'absence d'une femme, vous n'allez pas être déçu.

Voici, par ordre d'entrée en scène :

Un armateur débutant,

Un pléonasme, je veux dire un ministre hypocrite,

Une erreur de casting, je veux parler du roi Louis XVI,

Un quaker dompteur de foudre,

Et un lord diplomate tourné en bourrique.

Souvent, les guerres accouchent de sociétés nouvelles. Et les nations victorieuses n'échappent pas plus aux bouleversements que les vaincues.

Revoici la guerre de Sept Ans, qui avait déchiré l'Europe.

L'Angleterre s'en était sortie grande triomphatrice, mais ruinée. Pour reconstituer ses finances, elle avait multiplié les taxes. C'est ainsi que l'idée, mauvaise, lui était venue de frapper durement ses treize territoires d'Amérique du Nord. Les colons protestèrent. La seule légitimité de l'impôt, répétaient-ils, c'est le vote. *No taxation without representation.* Et comme Londres leur refusait le moindre député à son parlement de Westminster… Le 5 mars 1770, à Boston, les caisses du thé *officiel*, livrées par la Compagnie des Indes Orientales, sont jetées à la mer. La révolte commence et prend vite de l'ampleur. Jusqu'à la déclaration d'indépendance, le 4 juillet 1776, à Philadelphie.

Les États-Unis d'Amérique sont fils du déchirement de l'Europe.

À Madrid, déjà, Beaumarchais avait rêvé d'Amérique comme d'un paradis possible pour la liberté. Toute la liberté, celle des opinions comme celle des mœurs et celle des affaires. Que la vie serait plus belle sans Église, sans vieille noblesse, et sans cet écheveau de règles qui paralysent l'initiative !

Débarrassé des minauderies de mademoiselle d'Éon, Beaumarchais voit passer la noble cause des *insurgents*. Il sait qu'elle est pour lui. Et que profitant du désordre, son meilleur allié, il va pouvoir y donner sa pleine mesure.

Sa réhabilitation, juridique et financière, est en bonne voie. Cette bataille, lui permettant de se rapprocher du roi, ne peut que l'accélérer.

À plus de quarante-cinq ans, il a déjà vécu dix vies. Ne serait-il pas temps de dresser un premier bilan ? Il a tout connu. Mais que restera-t-il de lui, lui qui a perdu ses deux enfants ? L'habilité, même extrême, ne satisfait pas l'estime de soi. Pas plus qu'un succès, même éclatant, au théâtre. Un peu de grandeur ne ferait pas de mal au tableau. Et si en prime, chemin faisant, il était loisible de se faire quelque argent…

Bref, Beaumarchais repart à l'attaque.

À sa manière.

Qui est d'abord celle d'un avocat, pourvu de la plus brillante, synthétique et persuasive des plumes.

Chaque jour, il écrit à Versailles.

Depuis l'école nous savons que Louis XVI incarna, jusqu'à la tragédie, la différence entre les qualités humaines et celles qu'il faut pour gouverner.

Pauvre Bourbon, malheureux monarque ! À l'inverse de notre héros, il est né au mauvais endroit, au mauvais moment, dans la mauvaise famille. Et il monte sur le trône au mauvais âge, trop tendre : vingt ans. Un dieu moins cruel l'aurait créé serrurier ou maître horloger rue Saint-Denis, comme M. Caron. Son amour de la précision et ses manières douces auraient fait merveille dans une boutique.

Mais lui le timide, lui le paisible, se retrouver à devoir décider s'il fallait, ou non, lancer son pays contre la plus puissante des nations…

Plus près de nous, on se rappelle Léon Blum, le plus velouté des humanistes, par ailleurs président du Conseil, gémissant de ne pouvoir engager l'armée française en Espagne pour y contrer les hordes alliées aux nazis.

Vergennes, en bon ministre des Affaires Étrangères, choisit de ne pas choisir. Pour user d'une tactique tout à fait beaumarchaise, il va garder tous ses fers au feu. En d'autres termes continuer de sourire à Londres, en la frappant dans le dos.

Pour mener efficacement ce double jeu, qui mieux trouver que l'homme d'affaires accompli devenu depuis peu agent secret ?

Voilà donc Pierre-Augustin ajoutant un nouveau métier à sa liste déjà longue : armateur.

N'ayant rien oublié des leçons de Pâris-Duverney, son professeur de finance, il crée sans tarder une société qu'il baptise d'un nom particulièrement opaque. Qui pourrait deviner les activités de Roderigue Hortalez Cie, sise 47 rue Vieille-du-Temple ? Et qui pourrait croire aux capacités de cette entreprise toute neuve ? En toute discrétion, le Trésor français vient de lui transférer un premier million, bientôt rejoint par la même somme reçue des Espagnols. Acheter des armes n'est pas difficile. Mais où trouver des bateaux pour transporter ces fusils, ces canons, ces uniformes de l'autre côté de l'Atlantique ? Comme aucun pays n'est assez fou pour aller narguer une marine anglaise omniprésente et particulièrement vigilante aux abords de l'Amérique, la seule solution est de confier le risque à une société privée. Roderigue Hortalez acquiert donc des bateaux. Sa flotte en comprendra... quarante. Beaumarchais se donne à corps perdu. Avec une énergie néophyte et brouillonne qui ne trompe pas l'ambassadeur d'Angleterre, Lord Stormont, à qui l'on fait régulièrement rapport de cette activité frénétique. Un jour le nouvel armateur est au Havre. Dix jours plus tard, on le signale à Marseille. Une semaine, il lance le *Mercure*. La quinzaine suivante, c'est le *Zéphir*, lequel précédera l'*Hippopotame*...

Pendant que, dans cette fausse clandestinité, notre ami se démène, Paris se prend de passion pour l'envoyé spécial des *insurgents* américains, Benjamin Franklin. Il faut dire que l'existence de ce monsieur de soixante-dix ans dépasse en diversité et en éclat celle de Beaumarchais. Fils d'un marchand de chandelles, il devient imprimeur. Toujours soucieux de ses contemporains, il va leur ouvrir la porte des livres en créant les premières bibliothèques par abonnements. Pour lutter contre la malédiction récurrente des incendies, il devient pompier avant de se voir confier la responsabilité de la lutte contre le feu à Philadelphie. Ses talents d'organisateur ayant été repérés, il est nommé maître des Postes. Enfin, grâce à M. Franklin, le courrier arrive ! Dans ses temps libres, il apprend la physique. Son invention du paratonnerre le rend célèbre. Avec tous les savants européens, dont Buffon, il entretient une correspondance fournie. C'est donc une légende qui débarque, après, dit-on, une épouvantable traversée. Pour ajouter, si besoin, du piment à l'arrivant, on le sait franc-maçon, appartenance excitante pour ceux qui ne le sont pas, immédiate fraternité pour ceux qui en sont. Bref, tout le monde veut le voir. D'autant qu'on dit ses manières charmantes et son accoutrement bizarre. Vers Passy, en son hôtel particulier du 66 rue Raynouard, la foule accourt.

Dès leur déclaration d'indépendance, les États-Unis tout neufs se sont dotés d'une Constitution, corédigée par Franklin. Et c'est le tout nouveau Congrès qui a mandaté l'imprimeur-bibliothécaire-pompier-postier. Sa mission est claire : profiter de sa notoriété et du respect qui l'entoure pour arracher le soutien du roi de France. Un soutien *officiel*, en lieu et place des petites actions honteuses apportées de temps à autre. Drôle de situation quand on y songe : le dompteur de foudre chargé de déclencher le tonnerre (des armées françaises).

Mais on a beau ressentir pour quelqu'un la plus vive des sympathies, cette émotion n'est pas suffisante pour décider de s'affronter ouvertement au Lion anglais. Tandis que Stormont menace et que Franklin, malgré son âge, piaffe, pendant que Louis XVI tergiverse et que Vergennes louvoie, Beaumarchais se ruine.

Les termes de l'accord avec les Américains étaient simples : comme vous n'avez pas d'argent, vous me paierez quand vous pourrez, et en nature : riz, tabac, céréales. Dans son enthousiasme militant, l'armateur n'avait pas jugé nécessaire de rédiger un contrat. Triomphant de mille difficultés, il avait respecté sa partie et les armes avaient été livrées outre-Atlantique. Il attendait toujours les contreparties. Qui ne vinrent jamais. Malgré les innombrables rappels.

Le 6 février 1778, est signé avec les *insurgents* un premier accord, certes seulement commercial mais enfin *officiel.* Le 13 mars de la même année, la France reconnaît l'indépendance des États-Unis.

Pays endetté perd la mémoire.

Les années passent et de moins en moins de membres du Congrès ne se souviennent d'un bateau baptisé *Mercure.* Et le *Zéphir* ! Vous pensez bien que nous nous rappellerions un nom aussi ridicule !

En matière de mauvaise foi, l'imagination et le culot n'ont pas de limites.

Et l'Histoire se montrera injuste, célébrant la campagne de La Fayette et oubliant l'action de Beaumarchais.

J'ai toujours éprouvé que les secrets des gouvernements étaient plus aisés à pénétrer que ceux des particuliers.

Beaumarchais à Vergennes, 14 juillet 1775

Les ennemis de nos adversaires sont plus d'à moitié nos amis.

Beaumarchais, *Comité de la Correspondance secrète*, 1776

22

De l'argent

Si cette glorieuse aventure américaine s'était révélée comme la plus mauvaise de ses affaires, financièrement parlant, Beaumarchais ne cessait de trouver dans bien d'autres opérations matières à se consoler, sonnantes et trébuchantes. En d'autres termes, il amassait, chemin faisant, une jolie petite fortune.

On connaît la plus belle des définitions de l'argent : le pire des maîtres, le meilleur des serviteurs.

Alors, qu'était l'argent, pour Beaumarchais ?

À l'évidence, un maître exigeant, de ceux qui ne laissent jamais de répit, vous appellent à toute heure, réclament de vous une disponibilité permanente, et, sans vergogne, pompent votre énergie. L'un de ces maîtres, aussi, qui, ne se préoccupant pas de scrupule, ne veut pas entendre les vôtres. Un maître qui vous entraîne sur des chemins et dans des pays que l'éthique réprouve.

Beaumarchais « affairiste » ? C'est-à-dire, selon le dictionnaire, « un homme ou une femme avant tout préoccupé de profit ».

Tout est dans l'*avant tout*. Il n'est pas sûr que ces deux mots aient un sens pour Beaumarchais. Un homme trop amoureux de la vie pour s'embarrasser de préférences, amoureuses ou autres, ne raisonne pas en termes d'*avant tout*. Sa devise, c'est *aussi*. Ou *également*. Ou *en même temps*.

Mortifère est le maître qui vous prive de votre vie, en ayant pris totale possession de vous. Beaumarchais ne court pas ce genre de risque. Personne, ni amour, ni activité, ne sera jamais de taille pour s'emparer de l'entièreté d'une telle vitalité. La recherche permanente de l'argent dévore Beaumarchais. Mais les Beaumarchais sont innombrables en Beaumarchais. Aucun appétit, même celui de l'argent, n'a la bouche assez vaste pour les avaler tous. Les perpétuels embarras que rencontre, ou s'invente, l'*homme d'affaires*, la foule d'*importuns* qui ne cessent de le déranger, n'empêcheront jamais notre héros de mener le reste de sa vie, le reste de *ses* vies. Vous avez compris que Beaumarchais est doublement chat : par sa capacité de rebond et par le nombre de ses existences.

Et c'est ainsi que l'argent est pour lui le plus irremplaçable des serviteurs. Car son argent n'est pas celui, paresseux, de l'héritage ou de la rente. Il n'est venu dans sa poche qu'après de longues et quotidiennes batailles. Cet argent lui offre le confort qu'il souhaite. Et la liberté sans laquelle il étoufferait. Mais surtout sa conquête lui a permis de pénétrer le cœur de la Comédie humaine. L'argent et le pouvoir sont deux enjeux pour lesquels s'exacerbent les passions, où se révèlent, par la caricature, les personnalités.

Ceux qui le traitent d'*affairiste* ont le droit de condamner certaines de ses opérations « limite ». Mais derrière cette insulte, ne voyez-vous pas l'obligation faite à l'écrivain de se concentrer sur sa seule mission, qui est d'écrire ? Certaines activités lui sont autorisées : enseignant ou médecin ou journaliste. Mais pour les autres, on fronce les sourcils avant de se boucher le nez. Au mieux, on accuse l'auteur de se disperser. Que n'est-il ermite et pauvre, seulement occupé de son *œuvre* ? Vite, on le traite de vendu.

Avec le diable, dit-on, il faut n'accepter de dîner qu'avec une longue cuillère. Mais si, justement, pour connaître de plus près le diable, il fallait raccourcir la cuillère ?

De l'or, mon Dieu, de l'or: c'est le nerf de l'intrigue.

Le Barbier de Séville, acte I, scène 6

23

Vive la science économique !

Quand on aime l'argent, on s'intéresse à sa source. Beaumarchais se passionne pour ces réflexions nouvelles sur la création de la richesse et le développement de l'entreprise.

Alors que le siècle, dix-huitième du nom, entre dans son dernier quart, les Lumières éclairent comme jamais. Aucun domaine n'échappe au besoin de CONNAISSANCE. La conviction la plus généralement partagée est que du SAVOIR, toujours plus de SAVOIR, viendra le PROGRÈS. Un grand mot écrit en majuscules. Comme la CONFIANCE en un avenir forcément meilleur.

Après deux millénaires d'engourdissement, l'ambition de comprendre l'emporte sur la foi du charbonnier. Galilée puis Newton avaient enfin raconté l'histoire vraie du Ciel. Il était temps de se préoccuper de la Terre. Se multipliaient les réflexions sur l'organisation de la société. De Locke (1632-1704) à Montesquieu (1689-1755), des juristes avaient osé remettre en cause le vieil et pesant et poussiéreux régime monarchique. Et si l'on inventait maintenant d'autres manières de gouverner ? Allions-nous attendre encore longtemps avant d'imposer, avec Rousseau, de nouveaux *contrats sociaux* ?

À cette émancipation ne pouvait échapper l'économie, du grec *oïkos* (maison) et *nomos* (gérer, administrer). Plus généralement, la production de la richesse.

Dans sa jeunesse, Beaumarchais n'avait eu pour horizon que sa boutique de montres. Les vastes affaires développées aux côtés de Pâris-Duverney élargissent ses perspectives. Il constate, éberlué, les bouleversements de l'agriculture, il se tient informé des progrès du machinisme qui va lancer l'industrie, il se passionne surtout pour le commerce. Ce dernier est pour lui profondément *moral*. L'échange est l'autre ressort de la vie, le complément de la liberté. Tous les obstacles qui s'opposent à la fluidité sont causes de thromboses, personnelles ou sociales.

L'économie a mauvaise presse aujourd'hui. D'abord, ses experts ne cessent de se tromper dans leurs prévisions. Plus profondément, elle s'est fourvoyée. En voulant à tout prix devenir science *dure,* elle a chassé les disciplines considérées comme *molles,* l'histoire, la géographie, la sociologie, la psychologie, pour se laisser envahir par de pauvres mathématiques, des modèles bricolés, destinés moins à expliquer qu'à enfumer.

On se demande quand Beaumarchais trouvait du temps pour lire. Mais sa correspondance foisonne de références aux maîtres de cette école qui fut appelée celle des *physiocrates.* Permettez un conseil : ouvrez un jour le *Tableau économique* de Francois Quesnay. Ce personnage est typique du XVIIIe siècle : travailleur forcené et praticien de cette discipline qu'on appelle *culture générale,* philosophe, médecin et chirurgien, collaborateur de l'*Encyclopédie.* Il présente une économie globale, animée certes par des lois, mais qui n'oublie pas la dimension *humaine.*

De toutes ses forces, Beaumarchais soutiendra le ministre Turgot qui voulait en finir avec les famines endémiques ravageant régulièrement le royaume. Il voulait ouvrir le commerce du blé à travers les régions. Les spéculateurs s'y opposèrent, dont des princes du sang. Turgot fut renvoyé le 16 mai 1776. Le prix du pain atteignit des sommets. S'ensuivit une fureur populaire, l'une des sources de la Révolution.

Économie

Ce mot vient de οἶκος, maison, & de νόμος, loi, & ne signifie originairement que le sage & légitime gouvernement de la maison, pour le bien commun de toute la famille. Le sens de ce terme a été dans la suite étendu au gouvernement de la grande famille, qui est l'État.

Jean-Jacques Rousseau, article « Économie », Encyclopédie de Diderot et d'Alembert, 1751

24

En compagnie des eaux

Né au cœur de Paris, citadin jusqu'au plus profond de lui-même, Beaumarchais aime d'amour sa ville. Comment améliorer la vie qu'on y mène, avec cette population de plus en plus nombreuse qui s'y entasse dans un capharnaüm puant et engorgé ? Pas plus sales que ces rues encombrées d'ordures ! Et pas plus mal commodes que ces étages quand il faut tout y monter à commencer par l'eau ! Même si l'hygiène n'est pas la préoccupation majeure du siècle, il faut bien tout de même, parfois, se laver. Pauvres porteurs, épuisant métier !

Jacques-Constantin Périer est l'un de ces ingénieurs-entrepreneurs qui ont bâti l'industrie française. De huit ans plus jeune que

Beaumarchais, il a déjà bien rempli sa vie lorsqu'ils se rencontrent. Curieux de toutes les inventions techniques, son frère (Auguste-Charles) et lui cherchent à en faire profiter le plus grand nombre. C'est ainsi qu'ils ne vont pas tarder à introduire en France la machine à vapeur que l'Écossais James Watt vient de mettre au point. Plus tard, ils développeront dans les mines un système permettant d'extraire la houille.

Pour l'heure, ils veulent doter Paris d'un système de pompes et de canalisations qui permettrait de distribuer l'eau partout et sans effort.

– Nous créons une société. Voulez-vous en être ?

Beaumarchais n'hésite pas. De cette nouvelle Compagnie des eaux, ancêtre dès 1781 de Suez et Veolia, il en devient non seulement le principal actionnaire, mais le plus actif des ambassadeurs.

Ce sera l'une de ses plus profitables opérations. Tout le monde a besoin d'eau donc tout le monde veut s'abonner. Les installateurs de tuyaux et de pompes courent de maison en maison. La valeur des titres de la Compagnie s'envole. On crie à la spéculation. Les ministres s'en mêlent. Beaumarchais répond. Rien ne le distrait plus que ce genre de bataille. Donc il y excelle. Il plaide, il ferraille, il retrouve sa jeunesse.

Et comme lors de sa campagne d'Amérique, il ne s'agit pas seulement d'argent. Une conviction l'anime : il faut au plus vite moderniser Paris.

L'eau, d'ailleurs, l'a toujours passionné. L'un des héritages de son père qui gardait dans ses cartons un projet de *machine à remonter les bateaux.* La fabrication de montres n'avait jamais obnubilé les Caron. Chez eux, rue Saint-Denis, entre deux petits concerts familiaux, on discutait aussi de *science hydraulique.* L'horlogerie, la musique et l'eau, comment ne pas trouver de ressemblance entre ces flux qui coulent ? Trois courants passent, celui du temps, celui des mélodies et celui de cette eau, la source de toute vie. On pourrait ajouter le commerce, ressort de l'échange, dynamique de l'économie.

Fluide, la vie, comme la liberté.

Fluide, un adjectif qui pourrait servir de devise à l'existence.

Vous avez beau avoir déjà beaucoup fait, il vous reste des regrets. Il paraît que dans ses dernières années, Beaumarchais parlait souvent d'un pont d'une seule arche qu'il aurait voulu construire pour enjamber la Seine. Et aussi d'un canal traversant le Nicaragua. Savez-vous, répétait-il, savez-vous que s'y trouve un lac ? « La nation qui serait maîtresse de ce lac et des canaux qui joindraient les deux mers serait infailliblement la maîtresse du commerce mondial. »

25

La plus folle des journées

La vie de Beaumarchais est une suite de folles journées.

Mais au palmarès des folies, celle-ci tient le pompon.

12 octobre 1781.

Dans un petit salon de Versailles, Mme Campan lit.

Rien d'étonnant, c'est son premier métier.

Avant de grimper dans la hiérarchie des servantes et d'atteindre au titre de « femme de chambre de la reine », c'est comme lectrice des filles de Louis XV qu'elle a été embauchée.

Mais sa lecture de ce jour a ceci de particulier qu'elle lit pour Louis XVI et pour Marie-Antoinette.

Et qu'elle ne lit pas un livre mais l'un après l'autre des feuillets épars qui, ensemble, constituent une pièce de théâtre.

Les comédiens français ont eu beau l'accepter d'enthousiasme, et le censeur avoir donné son accord, Louis XVI veut se faire une idée par lui-même. Dans l'intimité et sans le filtre, souvent trompeur, d'un acteur.

D'où la demande à Mme Campan.

Qui s'acquitte de sa tâche de la meilleure des manières.

Elle lit bien, sa conscience professionnelle le lui ordonne, mais d'une voix unie. Elle ne *joue* pas, ne *met* pas *le ton.* Surtout elle s'interdit d'exprimer la moindre opinion sur ce qu'elle lit, se mord les lèvres chaque fois qu'elle pourrait sourire, et les occasions sont nombreuses.

De temps à autre, la curiosité l'emporte, elle veut savoir ce que pensent ses augustes auditeurs, alors elle lève les yeux. Et voit le roi gagné par une colère de plus en plus manifeste. Tandis qu'à l'inverse, Marie-Antoinette se délecte.

À peine Mme Campan a-t-elle reposé le dernier feuillet que Louis XVI, d'ordinaire si placide, explose : « C'est détestable, ce ne sera jamais joué, cet homme déjoue tout ce qu'il faut respecter dans un gouvernement. » Et d'ajouter, soudain visionnaire, « sa représentation ne pourrait être qu'une inconséquence fâcheuse, sauf si la Bastille était détruite ». Rappelons la date de cette lecture : 1781.

Quoi qu'il en soit, ce royal courroux est une mauvaise nouvelle pour Figaro. Son mariage devra encore attendre.

À Paris et ailleurs, on s'impatiente. Dans son *Barbier de Séville*, représenté avec le succès que nous savons, Beaumarchais annonçait une suite. Et nous sommes ainsi faits que nous vendrions notre mère pour connaître l'autre côté de la colline, je veux dire les chapitres à venir d'une histoire. Notre âme est addictive. Voyez notre dépendance, hier aux feuilletons, aujourd'hui aux séries.

Pour tenir en haleine son public, tout en narguant les autorités, l'auteur multiplie les lectures privées. Et faisons-lui confiance ! N'étant pas tenu à la même réserve que la femme de chambre, il incarne tous les personnages, il *est* le Comte, il *est* Chérubin, il *est* Suzanne puis sans effort *devient* Comtesse.

La rumeur monte. Elle déborde les frontières d'une Europe plus « européenne » qu'aujourd'hui, au moins parmi les élites, qui toutes parlent français. Paris nous a encore fabriqué un chef-d'œuvre. Oui, un délice de méchanceté et de pertinente impertinence ! Écoutez comme il parle de la loi « indulgente aux grands, dure aux petits ». Et ceci : « Il n'y a que les petits hommes qui redoutent les petits écrits. » Et encore : « On pense à moi pour une place, mais par malheur j'y étais propre. » Ah ! Ce Beaumarchais, quelle acuité, quelle audace ! D'ailleurs, ne serait-il pas l'ami des rebelles américains ? Celui-là même ! Et vous ne savez pas la meilleure ? Le roi de France interdit l'œuvre ! Faut-il qu'elle contienne des bombes ! Je viens justement d'apprendre que l'empereur Joseph II lui a aussi fermé tous les théâtres d'Autriche. Il faudrait qu'ils se mettent d'accord dans la famille : sa sœur Marie-Antoinette ne jure que par *La Folle Journée* !

De nouveau, la vie devient théâtre, aussi riche en surprises, aussi fertile en rebondissements.

Versailles est divisé. Beaumarchais y a des soutiens puissants. Outre Marie-Antoinette, le comte d'Artois, par exemple, frère du roi. Jugeant désastreuse l'interdiction, ils suggèrent une représentation *privée* des comédiens français, dans la salle dite des Menus Plaisirs, au cœur de Paris. Juste avant la date prévue, le 13 juin 1783, un envoyé arrive au galop pour arrêter les répétitions. Ordre de Louis XVI.

Pour éviter une prison qu'il sent s'approcher à grands pas, Beaumarchais court se réfugier à Londres.

Ses amis ne baissent pas les bras. L'un d'entre eux, un autre comte, de Vaudreuil celui-là, prie les comédiens français de bien vouloir venir jouer *La Folle Journée* en son château, au nord-ouest de la capitale.

Avant de donner son accord et pour plus de sûreté, Beaumarchais demande l'avis d'un nouveau censeur officiel : *nihil obstat.* En langue vulgaire : allez-y.

Un convoi transporte donc les décors, les costumes, les maquilleuses et toute la troupe vers le château de Gennevilliers. Louis XVI est ouvertement défié. Comment va-t-il réagir ? Jusqu'au dernier instant, on craint de se retrouver tous à la Bastille. Mais le rideau se lève, sans (mauvaise) nouvelle de Versailles.

Cette fois, pas besoin de corriger la moindre phrase. C'est un triomphe.

Et maintenant ? Un *vrai* théâtre recevra-t-il l'autorisation ?

Pour en avoir le cœur net, un *quatrième* censeur est sollicité. Son appréciation est... négative. Qu'à cela ne tienne, il suffit d'en consulter deux autres. Qui crient au chef-d'œuvre. Vive la censure !

Louis XVI finit par céder.

Le 27 avril 1784, Paris ne parle que de *La Folle Journée.* On se bat pour les places. Une véritable émeute entoure le théâtre du Luxembourg. La foule piaffe et frétille.

Le rideau se lève sur le matin d'un mariage.

« Dix-neuf pieds sur vingt-six », Figaro mesure le lit que le Comte donne aux tourtereaux. À aucun prix, Suzanne ne veut de ce cadeau. Pour quelle raison, ce refus ? La mécanique est lancée. Et emporte la salle.

Deux heures plus tard, le temps pour Brid'oison le bègue de nous livrer sa conclusion, *Tout fini-it par des chansons (*bis*),* Beaumarchais, sous les acclamations, aura atteint le sommet de sa vie.

Nul n'habite longtemps le plus haut.

Une partie de lui redescendra, avec d'autres pièces, moins réussies ; avec d'autres appréciations, moins flatteuses, de sa personne suite à d'autres activités, plus contestables.

Mais de lui demeurera, sans que nul ne songe à la contester, la perfection de cette *Journée,* appelée à devenir bientôt *Mariage.*

Il semblait que j'eusse ébranlé l'État ; l'excès des précautions qu'on prit et des cris qu'on fit contre moi décelait surtout la frayeur que certains vicieux de ce temps avaient de s'y voir démasqués. La pièce fut censurée quatre fois, cartonnée trois fois sur l'affiche à l'instant d'être jouée, dénoncée même au parlement d'alors ; et moi, frappé de ce tumulte, je persistais à demander que le public restât le juge de ce que j'avais destiné à l'amusement du public. Je l'obtiens au bout de trois ans. Après les clameurs, les éloges ; et chacun me disait tout bas : « Faites-nous donc des pièces de ce genre, puisqu'il n'y a plus que vous qui osiez rire en face. »

Préface au *Mariage de Figaro*

26

L'art sait mieux que nous

Quelle conscience a l'auteur du pouvoir de son œuvre ?

Avance-t-il sans savoir ?

Et parfois *contre* lui-même ?

Dans sa préface au *Mariage*, Beaumarchais écrit « avoir formé son plan d'une façon à y faire entrer la critique d'une foule d'abus qui désolent la société ». Mais se voulait-il pour autant accoucheur de société nouvelle ?

Pressentait-il le rôle ravageur, et décisif, qu'un Danton lui assignera : « Cet homme a tué la noblesse » ?

Parfois, nos mots ont plus d'audace et frappent plus fort que nos volontés conscientes. Ne leur reproche-t-on pas, d'ailleurs, d'avoir « dépassé notre pensée » ?

Quelle formule plus assassine que cette apostrophe de Figaro dans son monologue du début de l'Acte V ? En s'adressant au Comte, c'est au fondement même de l'Ancien Régime qu'il s'attaque. « Qu'avez-vous fait pour tant de biens ? Vous vous êtes donné la peine de naître, et rien de plus. Du reste homme assez ordinaire. »

Pauvre Beaumarchais, changé, aux yeux de l'Histoire, en incendiaire d'Ancien Régime, alors que parmi toutes les sociétés possibles, sa préférée est celle dont il se moque.

L'un de ses biographes, Philippe Van Tieghem, aura cette remarque fine : qu'est-ce que la gaieté sinon le signe d'un accord avec le monde ? Et quel être plus *gai* que lui ? Les révolutionnaires sont des sombres.

27

Éditeur, imprimeur

Comme nous savons, l'écriture (de théâtre ou de Mémoires) n'occupait qu'une infime partie des jours de Beaumarchais. En même temps qu'il défendait son Figaro, il bataillait pour une autre œuvre.

Revenons quelques années plus tôt.

Le 30 mai 1778, Voltaire meurt face au Louvre, sur ce quai qui porte désormais son nom.

Pleurent en Europe tous les amis de la liberté.

Et chacun de découvrir qu'il n'existe aucune édition complète de cet écrivain aussi considérable que prolifique.

Le Siècle des lumières ne peut continuer sans lui.

Beaumarchais vient de laisser à d'autres le soutien de l'Amérique. Il a besoin d'une cause nouvelle.

Pour lui, Voltaire représente bien plus qu'un philosophe : c'est un général, le panache blanc auquel on se rallie dans les guerres. D'abord il a défendu la mémoire du commerçant protestant Jean Calas, injustement condamné à mort. Beaumarchais n'oublie pas son père, lui aussi commerçant, lui aussi protestant avant d'abjurer. Voltaire a osé défier les pouvoirs politiques et religieux, il a ouvert les portes des prisons que nous avons dans la tête. Chaque fois qu'il le fallait, il a pris ses risques. Il a sorti son arme, la pointe de sa plume, plus acérée que l'épée, plus mortelle que le mousquet : le verbe, les trois mots qui tuent. On n'imagine pas aujourd'hui la place d'un tel homme sur tout le continent. De la liberté en marche, il fut l'un des inventeurs. Peut-être le premier.

Pour Voltaire, Beaumarchais est l'incarnation même de la génération nouvelle, celle qui va prendre son relais et continuer de briser les fers. Il salue son énergie, tellement contraire aux paresseux de vivre. Détestant les frontières, géographiques ou mentales, il admire la diversité de ses actions. Au théâtre, son *Barbier* l'a fort réjoui. Bref, le Grand Homme a toujours couvert son cadet d'éloges : « Il est si impérieux, si extravagant et si drôle que je mettrais ma main au feu qu'il n'a jamais empoisonné ses femmes. »

Beaumarchais se sent le plus légitime pour mener l'opération.

Éditer Voltaire ressemble à délivrer l'Amérique, il faut commencer par créer une société. Sans tarder, c'est chose faite. Il la qualifie de « philosophique, littéraire et typographique ».

Première étape : rassembler l'œuvre.

Qui la détient ?

Un Lillois dénommé Charles-Joseph Panckoucke, « libraire » de son état, c'est-à-dire éditeur. Faute d'avoir convaincu Diderot de lui confier son *Encyclopédie*, il s'est consolé en achetant tous les manuscrits de Voltaire. Et pour en établir la bonne version, pour choisir entre les variantes, en un mot pour les « préparer » avant l'impression, il a fait appel à… Condorcet lui-même. Panckoucke n'est pas un homme à lésiner sur la qualité. Mais l'ampleur de l'opération l'effraie. L'intérêt de Beaumarchais tombe à pic. On se rencontre, on négocie. Et voilà, l'entièreté de Voltaire se retrouve propriété de notre ami. Il restera à rassembler les lettres (près de cinq mille). Mais chaque chose en son temps.

Deuxième étape : offrir une *belle* édition.

Justement, un Anglais nommé Baskerville vient de dessiner des caractères d'une grande élégance. La Société typographique va lui en acheter des caisses. Une fois la Manche traversée (malgré la guerre avec l'Angleterre), il faudra compléter ces petites merveilles de plomb car... la langue française a des accents que sa voisine anglaise ne connaît pas. Mieux vaut ne pas trop prêter attention au budget prévu. D'autant qu'aucune économie n'est envisageable sur le papier : rien moins que du Woodmason, une autre merveille anglaise où l'on peut lire en filigrane le nom du grand auteur.

Troisième étape : choisir une imprimerie.

C'est alors que les ennuis vont se multiplier.

Il ne faut pas songer à la France puisque l'index y frappe encore Voltaire. Méfions-nous des autorités. Des chaleurs peuvent soudainement leur venir. Et toute votre production se voit détruite.

L'endroit parfait est trouvé à Kehl, en Allemagne. Il suffit de traverser le Rhin pour rejoindre Strasbourg. Un fort de Vauban, pour l'heure désaffecté, propose de vastes espaces. Des machines y sont installées. Des ouvriers embauchés. La production commence à peine que le papier vient à manquer. Woodmason présente ses excuses. Un incendie a ravagé ses entrepôts. Beaumarchais reprend la route et trouve son bonheur dans les Vosges. L'activité reprend dans la forteresse. On n'y fêtera que début 1783 la sortie du premier tome (soixante-huit à suivre).

De l'autre côté du fleuve, c'est-à-dire en France, les innombrables ennemis de Voltaire se déchaînent. Au premier rang desquels l'Église qui menace d'excommunication tous ceux qui se risqueront à lire ces ordures. Mais aussi certains parlements, les Fermiers généraux… La justice est saisie. Un arrêt ordonne de détruire les trente premiers volumes parus. Beaumarchais n'y prête pas attention et poursuit son œuvre. Personne ne décrira mieux que René Char, deux siècles plus tard, l'obstination de Beaumarchais – l'éditeur tout au long de ces années-là. « Va vers ton risque. À te regarder, ils s'habitueront. » Oui, Louis XVI finira par s'habituer. Et Condorcet conclura l'ensemble par une biographie du maître. Juste à temps, mi-avril… 1789.

Les troubles des temps suivants n'ayant été favorables ni au commerce, ni à la lecture, l'entreprise débouchera sur une insondable faillite.

Mais, comme le note Christian Wasselin, le symbole vengera la finance. « Lors du transfert des cendres de Voltaire au Panthéon, le 11 juillet 1791, une collection intégrale de l'édition de

Kehl accompagnera le pompeux cortège au son de *La Marche lugubre* de Gossec. »

Trois ans plus tard, le 29 mars 1794, l'autre pilier de ce monument éditorial, Nicolas de Condorcet, mourait dans sa prison de Bourg-de-l'Égalité (aujourd'hui Bourg-la-Reine).

> *Par le sort de la naissance,*
> *L'un est roi, l'autre est berger;*
> *Le hasard fit leur distance;*
> *L'esprit seul peut tout changer.*
> *De vingt rois que l'on encense,*
> *Le trépas brise l'autel;*
> *Et Voltaire est immortel. (*Bis.*)*
>
> *Le Mariage de Figaro*, acte V, scène 19, vers finaux

28

Les trois frères

Ils se ressemblent et ressemblent au siècle qui les a vus naître.

Mieux, ils l'incarnent, ce siècle-là, dans sa passion de la liberté. Et l'incarnant, ils contribuent à le créer. Vous connaissez de bonnes pièces sans beaux personnages ?

Ils sont nés proches dans le temps (1725, 1732, 1749) et pas si loin dans l'espace, l'un en France, les deux autres en Italie. Tous les trois n'ont cessé de courtiser, à commencer par les dames. Tous les trois ont écrit, tous les trois des chefs-d'œuvre. Et tous les trois, plus ou moins sévèrement, ont eu maille à partir avec les autorités.

Le premier est vénitien. Il s'appelle Giacomo Girolamo Casanova. Successivement ou concomitamment violoniste, magicien, espion, diplomate, bibliothécaire...

Le deuxième est notre Parisien, le fils d'horloger.

Le troisième est né juif à Ceneda, province de Trévise. Vite converti au catholicisme, Lorenzo Da Ponte devient prêtre, pour que nul n'en ignore. Professeur au séminaire de Portogruaro, il en est renvoyé pour mauvaise conduite. Venise l'accueille. Il s'y débauche tant qu'on le chasse. À Vienne, il se range et devient le poète officiel de l'empereur Joseph II. C'est là, bien au chaud dans cette ville froide, qu'il va trouver sa voie : le livret d'opéra. Il collaborera avec les plus grands musiciens du temps : Martín y Soler, Salieri et Mozart.

À lire leurs Mémoires, ou plonger dans leurs biographies, un vertige vous prend. On dirait que leurs trois existences communiquent, se répondent l'une à l'autre, se prolongent, se complètent, se réparent.

Beaumarchais et Casanova partagent la même vitalité, cet invraisemblable ressort qui leur permet de se sortir des situations les plus compromises. La même inépuisable gourmandise des femmes, la même joyeuse inventivité pour les séduire. Le même allant dans l'écriture, cette même intelligence lumineuse, la même lucidité impitoyable et rieuse, le même galop narratif.

Mais Beaumarchais et Da Ponte seront frères par l'opéra. Et la musique est un fluide qui, pour unir, vaut bien le sang et le lait. Depuis quelque temps, le Vénitien gagne sa vie comme librettiste. En 1785, il cherche un sujet. La *Folle Journée* de ce Français s'impose : dans l'Europe entière, on ne parle que de cette pièce. Il la propose à Mozart qui s'emballe. Encore faut-il que l'empereur d'Autriche donne son accord. Da Ponte promet à Joseph II de raboter les insolences les plus vives. Et c'est ainsi, en trois semaines dit la légende, que naît l'autre chef-d'œuvre, Wolfgang Amadeus composant les airs au rythme où Lorenzo lui remet les scènes.

Par quel mystère, l'auteur du *Mariage*, pourtant musicien, ne s'intéressa guère aux *Noces* ? Jalousie ? Regret ?

Contrairement à d'autres créateurs, Beaumarchais n'est pas du genre à s'arrêter sur le passé, pour gérer son œuvre en sourcilleux père de famille.

Un autre lien unit le Parisien et le Vénitien, celui d'un rêve commun.

Toute sa vie Pierre-Augustin avait projeté de quitter la vieille Europe, ses tracas et ses contraintes pour gagner le pays de la liberté. Pour un entrepreneur de sa sorte, quelle plus exaltante aventure que participer à la création de ces États-Unis tout neufs ? Seul le veto du ministre Talleyrand l'en avait empêché.

Ce rêve d'Amérique, Lorenzo va le réaliser. Il débarque à New York en 1805. Recommençant sa vie à cinquante-six ans, il tente d'abord sa chance dans le commerce du tabac, puis dans celui de l'alcool, avant de devenir libraire. Il finira sa vie comme professeur d'italien dans un collège qui deviendra l'université de Columbia. Jusqu'à sa mort (à quatre-vingt-dix ans), il ne cessera d'inviter les plus grands artistes de Naples et Milan à venir chanter... *Don Giovanni*, son autre livret préféré.

29

« Ayant passé l'âge de plaire, je dois fuir le malheur d'aimer »

La dernière maîtresse est souvent la plus douloureuse ; partant, celle qui donne la certitude au vieil amant de n'avoir jamais si fort aimé.

Mille exemples nous entourent de ces passions ultimes. Et nombre d'écrivains, en ayant été victimes, ont raconté leurs tourments.

Qui semblait plus sage, et plus rebelle aux débordements, que Paul Valéry, le plus *tenu* des hommes, bon mari, père de trois enfants, poète officiel de la pure Intelligence ? Ne la professe-t-il pas aux grands-mères, chaque mardi, au Collège de France ?

Et puis surgit Jeanne Voilier, une avocate de trente-quatre ans.

Paul le Sage perd la raison. Il grimpe au ciel dans le même temps qu'il sombre. Il souffre, il se bêtifie, Jeanne le rend chèvre.

Mais ne croyez pas que les libertins, coutumiers du vertige, soient protégés de tels cataclysmes !

Compagnon douze ans durant de Marie-Thérèse de Willermaulaz avant de l'épouser (en 1786), Beaumarchais, infidèle intrinsèque, perpétuel « amoureux par bouffées », pensait ne plus rien devoir attendre (ni craindre) en matière d'émois.

Amélie Houret, comtesse de La Morinaie, débarque dans sa vie un beau jour de 1787. Il a cinquante-cinq ans, elle trente de moins. S'étant vite lassée de son mari, elle vit seule. Obligée, pour tenir son train, d'en appeler à la générosité de ceux qui l'aiment. Par chance, ils sont légion car les charmes de la jeune dame sont qualifiés d'« incendiaires » par tous les contemporains.

On ne sait l'occasion de leur rencontre. La certitude est qu'un feu s'est allumé.

« Maintenant, belle impérieuse, que voulez-vous faire de moi ? lui écrit-il. Premièrement, je ne veux plus vous voir ; soit que vous brûliez ou non, vous mettez le feu partout. Hier, en vous quittant, il me semblait sur moi qu'il eût plu de la braise. Mes pauvres lèvres, ah ! dieux ! pour avoir seulement essayé de presser les vôtres, étaient ardentes comme si elles étaient dévorées du feu de la fièvre. Qu'avais-je besoin de voir votre jambe attachée au genou le mieux fait ? et ce pied, si petit, si furtif qu'on le mettrait dans sa bouche... ? Non... non, je ne veux plus vous voir, je ne veux plus que votre haleine mette le feu dans ma poitrine. Je suis heureux, froid, tranquille. Que m'offririez-vous ? Des plaisirs ? Je n'en veux plus de cette espèce. J'ai renoncé à votre sexe : il ne sera plus rien pour moi. [...] Plus de séances bec à bec ; je deviendrais fou, tous mes plans de sagesse se briseraient contre tant d'attraits [...] moi, suspendu comme une mouche à tous ces filets d'Arachné, je laisserais sucer, dessécher ma substance, égarer ma raison, soulever mes sens presque éteints ; et cette femme en miniature, avec ses idées de vingt pieds, ferait sa poupée de mon cœur. Non..., non... arrêtons-nous, il en est temps ; mandez-moi ce que vous pensez, sentez, voulez, exigez de moi ; je suis votre conseil, votre respectueux admirateur, pas encore votre ami. Dieu me préserve de vos charmes. »

Ces protestations ne trompent personne. Et surtout pas la fine mouche qu'est Amélie. Elle vient de ferrer un gros poisson, célèbre et riche à millions. Lequel va se consumer d'amour. Installant d'abord dans un logis particulier l'impécunieuse comtesse. Puis l'invitant à venir habiter chez lui, au domicile conjugal. Pauvre Thérèse ! Pour certaines épouses, le mariage est un long repas de couleuvres.

Les années passent, sans que s'apaise la fièvre de Pierre-Augustin. Elle s'aggraverait plutôt. Car peu à peu, l'écart des âges se fait gouffre. Dans sa tête, l'homme se croit toujours jeune mais le corps ne suit plus. Bientôt l'illusion se déchire. Amélie vient de prendre un amant, de dix ans plus jeune. Précisons : de dix ans plus jeune... qu'elle ! Et Amélie en est folle.

Beaumarchais vit l'enfer.

« À moins que toi qui m'écris *foutue bête*, mettant à m'inviter cette simplicité charmante, ne m'écrives naïvement : *Viens me dire que tu m'aimes, viens ! Que nos langues se foutent après avec le charme d'autrefois ! Viens langoter le con, le cul de ton amie. Viens puiser une goutte de foutre au con de la bégueule qui te dit foutue bête, et si je suis bien contente de toi, je te rendrai avec amour le plaisir que tu m'auras fait.* Si tu ne m'écris pas cela ce soir avant de te coucher, sauf à me le faire tenir demain matin à mon réveil, tu ne verras pas ton ami qui, forcé de sortir à huit heures et un quart, ne pourra peut-être pas te rapporter ta douce lettre avant onze heures et demie ou midi. Mais si je la reçois ou ce soir, ou demain matin, je brusque tout pour aller remonter ton courage et le mien, par notre eucharistie d'amour. »

Entre deux douleurs, on finit par choisir celle de ne plus se voir.

J'entends déjà l'exclamation lasse de certains puritains : pourquoi faire un tel fromage d'une banale histoire de cul ?

Figurez-vous, braves gens, que les corps, quand ils se plaisent *vraiment,* ont un langage qui raconte la vérité.

À la vie, à la mort !

On connaît les serments prononcés au début d'un amour…

Ce serment-là fut tenu.

Dans des circonstances que je raconterai, Amélie sauva Pierre-Augustin de la décapitation.

30

Retour à la musique

Si Beaumarchais se désintéresse des *Noces* engendrées par son *Mariage*, c'est qu'un autre grand projet l'occupe. L'ex-harpiste, ci-devant répétiteur des filles de Louis XV, veut revenir à la musique.

Convient-il d'expliquer cette volonté soudaine ? Le besoin d'harmonie ne peut-il vous prendre à tout âge ? Certains avanceront que, devenu sourd depuis peu, obligé de tendre un cornet pour entendre, Beaumarchais voulait profiter des dernières capacités de ses oreilles.

Après son triomphe au théâtre, comment aller plus loin ? Une seule solution : changer de genre, aller vers l'opéra.

Composer lui-même ? Il ne tombe pas dans le piège. Il sait bien que ses petites ritournelles fabriquées jadis au château d'Étiolles n'étaient qu'amusement. Il va rester dans sa compétence, raconter une histoire en devenant librettiste. Ainsi, sans être musicien soi-même, on se faufile dans le royaume de la musique.

Mozart étant occupé, qui se choisir pour partenaire ?

Sa préférence va vers Gluck. Né en Allemagne, ce déjà vieux monsieur (soixante-dix ans) est une célébrité voyageuse. Sa seule patrie est l'Europe, qu'il parcourt en tous sens, toujours gourmand de musique, où qu'elle puisse voir le jour. Son *Iphigénie en Aulide* n'avait-elle pas triomphé à Paris, dix ans plus tôt, avec un livret français ?

Beaumarchais l'invite, le traite, le flatte. Peine perdue. Le maître, d'abord séduit puis agacé, ne donne pas suite. Mais lui suggère un élève, Antonio Salieri, celui-là même que la pièce de Peter Shaffer puis le film de Miloš Forman, *Amadeus*, feront connaître au monde moderne comme le mauvais ange de Mozart, son double envieux et maléfique. Gloire payée d'une terrible caricature ! Ce natif de Vérone (en 1750) avait connu très jeune tous les succès. Dont ses *Danaïdes.* Figurez-vous que, pour en faciliter l'audience, Gluck avait annoncé partout qu'il en était l'auteur. Le grand soir venu, le délice de la supercherie enfin révélée s'ajouta aux vertus de l'œuvre. Ce XVIIIe, qui raffolait des masques, ne pouvait qu'applaudir.

Les deux hommes se plaisent. À son nouvel ami, Beaumarchais raconte *Tarare,* une intrigue, avouons-le, dénuée de tout intérêt.

Nous voici à Ormus, entrée du golfe Persique. Atar, le tyran local, ne supporte plus la popularité croissante de son général, le dénommé Tarare. Pour lui couper les ailes, il fait enlever sa femme, la très séduisante Astasie. Le sort qui lui sera réservé n'est pas indiqué, mais n'aura, selon toute probabilité, rien d'agréable. Heureusement, un duo de chanteurs italiens, esclaves d'Atar, veille ! Grâce à leur art et leur intelligence, ils vont faire échouer ce plan cruel. Il faut dire que l'un des deux, Calpigi, jadis enlevé par les corsaires, a été sauvé par... Tarare. À la suite de quelles autres aventures, on ne sait, ce Calpigi a connu le vif déplaisir de l'émasculation, avant d'être dédommagé par l'accession au titre, fort convoité comme vous savez, de chef des Eunuques... Et pour que la religion ne soit pas absente, n'oublions pas Arthénée, âme damnée du despote Atar, par ailleurs grand prêtre de Brama, la divinité asiatique bien connue.

Pauvre Beaumarchais ! Pourquoi cette grotesque turquerie ? Dégénérescence sénile ?

Salieri en avait vu d'autres. Puisqu'on le rémunérait bien, il se mit au travail et composa ce qu'on attendait de lui, des mélodies et des danses.

Cette œuvre impérissable fut créée le 8 juin 1787. Et ne fut saluée que par des applaudissements modérés.

De retour à Vienne, Salieri confia son désappointement d'avoir dû poser de la musique sur une histoire aussi nulle. Qu'à cela ne tienne, lui répondit son ami Da Ponte, nous sommes d'accord, le texte n'est pas fameux, je vais tenter d'arranger l'affaire…

Et c'est ainsi que Beaumarchais fut corrigé par le librettiste de Mozart.

Décidément, vive l'Europe de ce temps-là !

Et vive ce siècle !

Emportée par la musique, l'amitié y saute les frontières.

31

Vingt ans de bataille pour inventer le droit d'auteur

Pour pouvoir créer, encore faut-il au préalable pouvoir dîner.

Beaumarchais

Cet homme pressé n'oublie jamais la continuité. Il donne à chaque allure sa part, au temps court du présent comme aux longues durées. L'horloger qu'il est resté s'est inventé une montre à plusieurs cadrans et il prête à chacun la même attention, à celui où cavalent les secondes comme à ceux où s'étirent les heures, voire les années.

Une fois parti en croisade, Beaumarchais n'abandonne *jamais*.

Si Corneille, malgré l'éclatant succès de ses pièces, avait toujours vécu dans le dénuement, si La Fontaine, partout récité, avait dépendu pour vivre de la génération de ses amis, c'est pour une seule et même raison : ils avaient été volés ; le premier par les comédiens, le second par les éditeurs.

Pourquoi rémunérer les auteurs ? Ne devraient-ils pas se contenter de la gloire d'être joués ou imprimés ?

Il faut qu'ils choisissent : artistes ou boutiquiers ? Libres ou mercenaires ?

De même qu'un noble *déroge* s'il travaille, de même un auteur trahit la hauteur de sa mission s'il lui prend l'envie vulgaire de se faire payer.

Dix ans avant que n'éclate la Révolution, la situation n'a guère changé depuis le siècle précédent.

Les auteurs dramatiques n'osent bouger un cil : la corporation des comédiens les tient. Au moindre haussement de ton, à la plus timide revendication, leurs pièces sont retirées et leurs noms portés sur une liste noire. Les versements de droits sont minimes. Et aléatoires.

C'est au moins professionnel de leurs confrères qu'ils vont devoir leur salut, au moins intéressé pécuniairement par la guerre qu'il va mener. Beaumarchais est riche, on le lui reproche assez. Il tire ses (très larges) revenus d'activités qui n'ont rien à voir avec le théâtre.

« L'affairiste », en l'espèce, ne se bat que pour un principe.

Il avait lancé son offensive dès 1777.

Le Barbier de Séville venant d'atteindre sa trente-deuxième représentation, son auteur se juge le droit de demander à la Comédie-Française le compte exact de ce qui lui revient. Écoutons Maurice Lever raconter le début de la guerre :

« – Ce que je réclame à la Comédie, beaucoup plus que l'argent, c'est une cote bien taillée qui puisse servir de modèle à tous les décomptes futurs, et ramener la paix entre les acteurs et les auteurs.

– Je vois bien, répond l'envoyé de la corporation, que vous voulez ouvrir une querelle avec la Comédie !

– Au contraire, Monsieur, et plaide au Dieu des vers que je puisse les terminer toutes à l'avantage égal des parties. »

Comme, après quinze jours d'attente, la « cote bien taillée » n'arrive pas, Beaumarchais écrit à la Comédie l'un de ces mémoires qu'il affectionne : « Je me suis permis de vous proposer une méthode comptable à la portée des moindres liquidateurs. »

Les comédiens s'affolent, s'énervent, se choisissent des avocats.

La guerre commence.

Le 27 juin 1777, tous les auteurs de théâtre reçoivent de Beaumarchais une invitation à dîner ainsi rédigée : « Une des choses qui me paraît le plus s'opposer au progrès des Lettres est la multitude des dégoûts dont les auteurs dramatiques sont abreuvés au Théâtre-Français, parmi lesquels celui de voir leurs intérêts toujours compromis dans la rédaction des comptes n'est pas le moins grave à mes yeux... En conséquence, Monsieur, si vous voulez me faire l'honneur d'agréer ma soupe, jeudi prochain... »

Louable initiative mais, dès l'œuf, vouée à l'échec. Tout auteur se croit seul au monde, ou supérieur. Dans tous les cas, il jalouse. Et la plupart du temps déteste. Aucune solidarité ne peut venir de cet insupportable corps.

Qu'importe le fiasco de ce repas ! Comme à son habitude, Beaumarchais prend à témoin la Nation. On ne parle bientôt plus que de cette *insurrection des auteurs.*

Et le 3 juillet, se tiennent dans le Marais, à l'hôtel des Ambassadeurs de Hollande (47 rue Vieille-du-Temple), les *États généraux de l'art dramatique.*

Les écrivains sont venus vingt-trois. Vingt-trois pour créer la première société chargée de défendre les créateurs. Ils la baptiseront *Bureau de législation dramatique,* qui deviendra SACD,

Société des auteurs et compositeurs dramatiques. Elle s'installera plus tard rue Ballu, dans le 9e arrondissement de Paris. Elle n'a pas oublié celui qui la fit naître. Son buste veille sur la grande salle du conseil.

Pour l'heure, rien n'est acquis. Les comédiens n'entendent pas céder. Ils sont riches (pour cause !), unis, déterminés. Défendus par les meilleurs avocats. Et soutenus par une armée de femmes charmantes « qui excellent dans tous les arts et qui plaident à merveille leur cause, dans des moments où le juge le plus intègre n'a rien à leur refuser » (Gudin de La Brenellerie).

Hélas, les auteurs ont recommencé à se déchirer. Finie la belle unanimité du 3 juillet. Sur tout et sur rien on pinaille. Sans cesse on soupçonne l'autre de profiter du combat pour se mettre en avant. Pas d'union possible au royaume de la vanité. Pas de solidarité concevable lorsqu'en chaque camarade on voit d'abord un rival.

Ils parviennent tout de même à décider une *grève* : aucune pièce ne sera remise aux comédiens tant qu'ils n'accepteront pas de clarifier et régulariser leurs comptes.

Bien sûr, des traîtres se présentent, trop heureux de se voir enfin jouer…

Les négociations s'éternisent. Beaumarchais s'y bat presque seul, avec l'énergie que nous lui connaissons, inépuisable et inventive. Répliquant à chaque attaque. Ne cédant sur rien d'essentiel mais toujours prêt au dialogue.

Pas plus fourbes, et rapaces, que les comédiens de ce temps-là ! À peine ont-ils d'une main signé un accord que de l'autre ils rédigent un alinéa revenant à l'ancien partage de la recette, pour le plus grand bien de leurs intérêts. À peine s'est-on mis d'accord à Paris que les avocats des comédiens proclament que la Province n'est pas concernée...

Il ne reste plus qu'une ressource à Beaumarchais : en appeler à Louis XVI. « La première de toutes les grâces, Sire, n'est-elle pas d'assurer aux auteurs dramatiques, *par une loi*, la propriété de leurs œuvres et le juste fruit de leurs travaux ? »

Occupé par bien d'autres affaires, le roi ne décidera pas.

Survient la Révolution.

On débat de tout, passionnément. Et notamment de notre affaire.

Un Comité de constitution est chargé d'un rapport. Sa conclusion ne peut être plus claire : « La plus sacrée, la plus inattaquable et la plus personnelle des propriétés est l'ouvrage de la pensée d'un écrivain. »

En sa séance du 13 janvier 1791, l'Assemblée nationale adopte un décret abolissant le privilège exclusif de la Comédie-Française. La légitimité du droit d'auteur est reconnue, et sa mise en œuvre organisée.

Encore faut-il faire respecter la loi. Contre la mauvaise foi alliée à la mauvaise volonté, la bataille est quotidienne, épuisante, et doit sans cesse recommencer. D'autant que pullule, autour de ce genre de dossiers, une engeance particulière de juristes rémunérés pour leur talent... à faire obstacle au Droit.

Lobbies pour empêcher le vote d'un texte juste, avocats pour en empêcher l'application : Paris 1791 ressemble à Bruxelles 2018.

Et oui, la Comédie-Française préfigurait Google. Une plateforme s'enrichissant à diffuser des « contenus » chapardés à leurs créateurs.

Et comment ne pas comprendre, alors comme aujourd'hui, que rémunérer justement les auteurs est le *seul* moyen de leur permettre, hors du hasard d'une fortune personnelle, hors de l'insupportable contrainte du mécénat, la liberté ?

32

Un palais face à la prison

Le numéro 26, rue de Condé, avait eu beau remplir son office premier qui était de rendre heureux ses habitants, Beaumarchais rêvait d'une autre demeure.

Pour un homme de son espèce, une maison n'est pas qu'un logis.

Elle doit, en même temps,

1) apporter au monde la preuve de la réussite (exceptionnelle) de son propriétaire;

2) inventer une architecture où pourront s'exprimer les meilleurs talents du temps;

3) donner l'occasion de réaliser une bonne affaire.

Pour répondre à ce triple objectif, Beaumarchais se trouve, en plein cœur de la ville, un vaste terrain de plus d'un hectare, à l'emplacement des premiers numéros de l'actuelle rue Saint-Antoine. Certains de ses amis lui font valoir qu'il aura ainsi pour vis-à-vis direct… la prison de la Bastille. Ce voisinage n'est pas pour gêner notre ami. Bien au contraire. Ne parle-t-on pas du projet de détruire la trop vieille forteresse ? Débarrassées de ce sinistre voisinage, les habitations ne pourront que prendre de la valeur. Et pour quelqu'un qui, toute sa vie, a fait le pari de la liberté, il n'est pas sans piquant de venir narguer la plus célèbre des maisons d'arrêt, le symbole le plus honni d'un Ancien Régime pétri d'arbitraire.

Les travaux commencent au début de 1788 et ne vont plus s'arrêter, dimanches compris. Ils atteindront la somme de 700 000 livres, l'équivalent aujourd'hui de… 7 millions d'euros ! L'ensemble n'est pas racontable. Il faut voir. C'est un palais, que d'ailleurs Beaumarchais ouvre à la visite. Et bientôt les Parisiens viennent en famille s'émerveiller. On salue le buste de Voltaire qui vous souhaite la bienvenue : *Il ôte aux nations le bandeau de l'erreur.* On applaudit aux bas-reliefs de Jean Goujon. On s'exclame devant les façades imitées de l'architecte renaissant Palladio. On flâne dans le jardin anglo-chinois, on saute de rocaille en rocaille, on se perd dans les fausses ruines.

Le maître des lieux biche. Elle est bien loin, l'échoppe de la rue Saint-Denis et son atelier de montres.

Cette félicité triomphante ne va pas durer.

La Bastille n'est pas qu'une prison à huit tours. C'est un quartier, sans doute le plus industrieux de Paris. Outre les artisans du meuble, s'y sont rassemblés, par dizaines de milliers, des fabricants de carrosses, des verriers, des céramistes, des chaudronniers, des tisseurs, des tanneurs, des salpêtriers. Et c'est là, fin avril 1789, au coin de la rue de Montreuil et du Faubourg-Saint-Antoine, que s'enclenche la folle mécanique de la Révolution. Les établissements Réveillon, la première fabrique européenne de papiers peints, emploient trois cent cinquante ouvriers. Lorsqu'on leur annonce une baisse de leur (misérable) salaire pour embaucher plus et donc résoudre le chômage (rengaine bien connue), ils se révoltent. Une foule énorme marche sur la manufacture que sont venus protéger les gardes français. La journée s'achèvera sur un bilan terrible : plus de quarante morts, et quatre cents blessés.

Beaumarchais, aux premières loges, n'a perdu que ses bas-reliefs de Jean Goujon. Luxe insultant pour les manifestants.

Deux mois plus tard, le mouvement change d'ampleur. Cette fois, les Parisiens ne déchirent pas des papiers peints. Ils prennent la Bastille.

Beaumarchais, qui ne concevait son existence que plongée au cœur de l'Époque, n'aurait pu choisir géographie plus pertinente.

Spectateur privilégié, c'est bien. Mais ô combien insuffisant ! Regarder nourrit, mais tellement moins qu'agir !

Comment participer au Nouveau Monde quand on est connu, trop connu pour appartenir à l'Ancien ?

Figaro : Votre santé, madame ?

Rosine : Pas trop bonne, monsieur Figaro. L'ennui me tue.

Le Barbier de Séville, acte II, scène 2

33

Comment expliquer ?

Généralement, on invoque :

1) l'âge et les diverses dégradations qui l'accompagnent, à commencer par la baisse dans le sang du taux d'insolence ;

2) le besoin d'argent, notamment des impôts à payer ou une pension alimentaire ;

3) la volonté d'écrire un rôle pour une actrice à qui l'on veut du bien ;

4) l'invasion de bons sentiments engendrés fréquemment soit par la crainte de la mort, soit par le souci de se faire apprécier par un nouveau régime révolutionnaire soudain soucieux de morale ;

5) le désir, impérieux, de retrouver l'irremplaçable électricité des soirs de première ;

6) l'angoisse, excusable, de se croire mort pour le théâtre ;

7) la disparition d'une muse qui à l'auteur du talent ; variante : une fâcherie avec le nègre qui écrivait secrètement pour lui ;

8) de bien trop nombreuses autres occupations ;

9) une punition divine.

L'enquête sur le cas Beaumarchais n'ayant établi aucune de ces raisons, comment expliquer que l'auteur des deux chefs-d'œuvre immémoriaux, *Le Barbier de Séville* et *Le Mariage de Figaro*, ait pu commettre une pièce aussi mauvaise, insipide et larmoyante que *La Mère coupable*, présentée le 26 juin 1792 au théâtre du Marais ? Résumons l'histoire : il s'agit d'un Tartuffe irlandais introduit chez les Almaviva pour les faire chanter...

Mystère.

34

Des fusils empoisonnés

La sagesse africaine le dit mieux que personne : on ne change pas les rayures du zèbre. En d'autres termes : les années ont beau passer, nous demeurons tels qu'en nous-mêmes, animés par deux ou trois semblables ressorts. Un amateur de dossiers pourris, pimentés par les contentieux associés, se désintéressera d'entreprises trop simples développées dans la concorde générale.

1792.

Beaumarchais a soixante ans. Et ne paraît pas manquer d'argent, comme l'ont assez prouvé les travaux de son palais face à la Bastille. Le moment ne serait-il pas venu de profiter de l'existence ? Pourquoi se fourrer dans une affaire sentant si fort le soufre ?

D'autant que les temps sont pour le moins troublés. Dans ce genre d'époque, la moindre sagesse dicterait de la jouer profil bas.

C'est justement ce péril qui doit exciter notre ami. Et aussi l'irrépressible besoin de participer à l'Histoire de son pays. Et quelle belle occasion de se faire apprécier du nouveau régime, même (surtout) s'il ne l'aime pas ?

En mars, Robespierre déclare que la France va manquer d'armes. Comment pourra-t-elle résister aux assauts de l'Europe bientôt réunie pour se débarrasser de cette désagréable Révolution ?

Un libraire belge fait savoir que des armes, il vient d'en acheter : soixante mille fusils ! Ils se trouvaient sans emploi depuis que l'Autriche avait écrasé les révoltes toujours endémiques dans le Brabant. Ces fusils attendent l'acheteur, entreposés bien sagement dans la charmante petite ville hollandaise de Veere, au nord d'Anvers.

Beaumarchais ne peut résister. Il propose de jouer l'intermédiaire entre le gouvernement français et le libraire-trafiquant. Un crédit lui est alloué, qu'il va compléter de ses deniers.

Comme on pouvait s'y attendre, l'affaire tourne mal. Les ministres se succèdent : quatorze en six mois. Avant de céder sa place, chacun tirerait volontiers bénéfice du marché. L'ardeur révolutionnaire n'a jamais empêché la corruption. Divers aigrefins se présentent, hommes de paille de plus haut placés. Tous, ils offrent de racheter à vil prix les fameux fusils (toujours entreposés en Hollande, qui interdit leur sortie). Beaumarchais refuse. Entre-temps, les événements se sont accélérés. Les Tuileries ont été envahies, Louis XVI traîné en prison. C'est bientôt le tour de Beaumarchais d'être arrêté, le 23 août de la même année 1792. Le 24, il doit affronter le plus dangereux des procureurs, Marat, *l'ami du peuple.* L'accusation est grave : vente à l'ennemi d'armes nécessaires à la défense de la Patrie. On en a guillotiné beaucoup d'autres pour de bien moindres motifs.

Par chance, veille sur lui le dieu des libertins.

Il a voulu qu'Amélie ait, parmi ses amants, compté le Procureur général de la Commune de Paris. Il suffit à la jolie dame de resonner à sa porte. Raviver les bons souvenirs aide à l'indulgence. Beaumarchais in extremis sauve sa tête et retrouve la liberté.

Tous ses amis le conjurent de fuir.

Il va, il vient, il court en Hollande, toujours sur la piste des fusils. Nombreux sont ceux qui voudraient les récupérer pour les vendre à sa place. Ces gens-là n'ont pas de scrupule et lancent des tueurs sur la piste du gêneur. On ne sait comment, Beaumarchais leur échappe. Il revient à Paris, s'y cache quelques jours, obstiné dans sa volonté de prouver sa bonne foi. Il finit par céder au bon sens et traverse la Manche. Revoici Londres, la ville tant aimée jadis. L'accueil y est glacé. Personne ne lui fait plus confiance. Quel régime sert-il ? Il a trop jonglé. On peut tromper quelqu'un, une fois. Quand on a trompé tout le monde, tout le temps, il ne faut pas s'étonner que les dupés s'allient et se retournent contre vous. Cette fois, c'est le dieu des espions et des endettés qui le sauve : les sicaires avaient retrouvé sa trace. Trop tard ! Beaumarchais s'était réfugié dans l'endroit le plus susceptible d'assurer sa protection : la prison de King's Bench, suite à la plainte de très anciens créanciers. Fidèle à son habitude, le prisonnier profite de ses loisirs pour rédiger d'interminables mémoires de défense.

Pas d'autre solution que vendre ces maudits fusils en incluant dans le contrat une clause qui lui permettra de les racheter un jour : comme nous savons, nul n'est plus obstiné que notre auteur !

Et, la raison l'ayant décidément quitté, il choisit le pire moment pour revenir en France : janvier 1793, le mois où la Révolution coupe la tête au roi.

Les épisodes se succèdent, tous plus déments, au cœur de la plus folle des périodes. Rappelons-nous que l'Europe entière a déclaré la guerre à la

France meurtrière de son roi. Soudain, on ne sait pourquoi, le Comité de salut public décide de se réconcilier avec Beaumarchais. Solennellement, il le retire de la liste des émigrés, et, secrètement, lui donne mission de récupérer les fusils. Pierre-Augustin fera semblant de les envoyer vers l'Amérique en même temps qu'il armera un bateau corsaire pour les récupérer.

La semaine suivante, le Comité se ravise. Beaumarchais redevient émigré, c'est-à-dire ennemi de la Patrie, par suite à nouveau menacé de guillotine.

Il faut recommencer à fuir. Bâle, la Hollande – où il propose, en passant, un « plan de paix générale » au *stathouder* (le gouverneur) – avant d'échouer en Allemagne puisque, ailleurs, on le juge indésirable. Francfort, puis Hambourg, une petite république libre et riche, blottie autour de son grand port. Il va y passer presque deux années (1794-1795), à n'en pas douter les pires de son existence. Il est seul, désargenté, de plus en plus sourd. Qui ne comprendra la faiblesse de ses oreilles ? À quoi sert d'entendre les nouvelles de France, toutes terribles ? Sa fille Eugénie et sa sœur Julie, proche famille du proscrit, sont au cachot. Quant à sa femme Thérèse, elle aussi emprisonnée, on l'a forcée à divorcer : épouse d'émigré, elle devenait elle-même émigrée, c'est-à-dire coupable.

Hambourg n'accueille pas que des bateaux. C'est un nid d'espions et de financiers, la frontière entre les deux corporations n'étant pas toujours close, ne serait-ce que pour cette raison qu'il faut, pour réussir dans les deux métiers, de semblables qualités : la passion du secret, le talent de la dissimulation, une conception très imaginative de la réalité, la culture du réseau, le sens de l'amitié utile, des contacts politiques, une morale élastique, un caractère naturellement méfiant… Même si, comme à Londres, tout le monde se méfie de ce personnage sulfureux dont nul ne sait le nombre de jeux qu'il mène, on imagine mal Beaumarchais inactif. Un tel homme, dans une telle place, ne peut que retrouver vite le chemin des affaires. Mais nous ne savons lesquelles.

Quant aux milliers de fusils, toujours à Veere, les Anglais finissent par s'en saisir. Après une rapide enquête, ils découvrent le nom du propriétaire. Un beau jour, Beaumarchais en reçoit le règlement : une misère.

Aux amateurs de pèlerinage, je conseille vivement cette petite ville historique de la Zélande que rien ne disposait, sauf la folie du commerce, à croiser un jour la route de Figaro. De son opulence passée, du temps où lui arrivaient les laines d'Écosse, il lui reste de belles architectures des XVe et XVIe siècles. Dans une petite forteresse qui défendait l'entrée du port est installé un hôtel que je vous recommande : De Campveerse Toren (téléphone : 0031118501291). Chambres dès 99 euros. Romantisme garanti.

La Révolution s'épuise à se dévorer elle-même. Bientôt le Directoire succède à la Convention. Le 1er juin 1796, le nom de Beaumarchais disparaît de la liste des proscrits.

Que de souffrances pour quelques fusils !

Morale de cette triste histoire : méfions-nous des libraires qui vous proposent autre chose que des livres.

35

La fin du combat

Lent déclin, dégradations diverses, interminables agonies... Nombre de parcours magnifiques s'achèvent dans l'horreur. Comme si la mort avait été inventée pour punir les trop fervents amoureux de la vie.

Certains chanceux échappent à ce châtiment. Ils auront complété leur talent d'exister par une belle manière de trépasser.

Beaumarchais sera de ces rares élus.

Il retrouve Paris, et les siens, le 5 juillet 1796.

On s'embrasse et on pleure. On a eu si peur. Il faut beaucoup de musique et de rires pour chasser de ses oreilles le claquement sinistre d'une lame qui tombe. La Veuve, ainsi nomme-t-on la guillotine, les a manqués de peu.

Qu'importe si le palais du boulevard Saint-Antoine est toujours sous séquestre : le petit logis de Marie-Thérèse, rue de Paradis-Poissonnière, accueille joyeusement le revenant.

Et deux noces ajoutent au bonheur familial.

Eugénie, la fille tant aimée, épouse un bon garçon doté du joli nom de Toussaint Delarue.

Peu après, Beaumarchais se remarie. Pour la quatrième fois.

Sans qu'on puisse, dans ce cas, accuser son infidélité naturelle : ses deux premières femmes sont décédées, et la quatrième est la même que la troisième, Marie-Thérèse, la constante. Il s'agissait juste de renouer le lien déchiré par la Révolution.

Autre occasion de liesse : la Comédie-Française reprend *La Mère coupable.* Triomphe. Qu'importe une mauvaise pièce ! Tout vaut mieux que la Terreur. La salle est debout, réclame longuement l'auteur sur l'air des lampions. Beaumarchais finit par accepter de quitter les coulisses. Il a beau mal entendre, pas besoin de cornet pour que ces acclamations lui parviennent.

Peu à peu, le quotidien reprend ses droits. À commencer par la sempiternelle bataille contre l'État pour qu'il veuille bien vous rembourser la masse (énorme) d'argent qu'il s'acharne à faire semblant de ne pas vous devoir.

Même si la Révolution s'apaise, même si ses finances peu à peu se sont améliorées, même s'il préfère la loi du mérite à celle de la naissance, il ne se sent plus chez lui dans cette France nouvelle.

S'il faut se choisir un autre pays pour recommencer sa vie, pourquoi pas les tout jeunes États-Unis d'Amérique ? Peut-être se souviendront-ils de son soutien, vingt ans plus tôt, lors des batailles cruciales ?

Un premier projet lui vient : y partir comme ambassadeur. Le ministre Talleyrand ne daignant pas répondre, il restreint son ambition : s'il vous plaît, juste un petit passeport ! Cette modeste faveur lui sera aussi refusée.

Il a fini par récupérer son palais face à la Bastille. Sans joie. Maintenant, il lui semble trop grand pour une vie qui rétrécit. D'autant que vient d'y mourir sa chère petite sœur Julie, la plus proche compagne et complice de toute son existence. Alors une idée lui vient : il envoie une lettre à ce tout jeune militaire à peine rentré de guerre, auréolé de gloire : Bonaparte. Mon général, seriez-vous intéressé par « ma maison de campagne au milieu de Paris, bâtie avec la simplicité hollandaise et la pureté athénienne » ? Moins occupé d'immobilier que par sa marche vers le pouvoir, le futur Napoléon ne donne pas suite.

Ni ces déconvenues ni sa tristesse, pourtant profonde, ne sont parvenues à émousser la curiosité de notre ami. Il faut dire que ce XVIIIe siècle finit dans l'effervescence. Dans tous les domaines on continue d'inventer. Disposant de plus de temps, Beaumarchais noue des contacts étroits avec de nombreux scientifiques et se fait expliquer leurs découvertes. Son dernier enthousiasme concernera le transport aérien. Non sans bon sens, il ne croit guère à l'avenir des montgolfières, « des ballons, encore des ballons, comment voulez-vous diriger des corps sphériques ? ». En revanche, il se passionne pour les *aérambules* d'un certain baron Scott. Grâce à leur forme de poisson, on pourra sûrement mieux les diriger.

Ayant appris la faiblesse croissante de son ancien amant, Amélie écrivit à sa femme pour qu'elle lui permette de le revoir une dernière fois. Autorisation refusée par Thérèse. « La santé de M. B. n'est altérée que par un rhume et c'est à ce rhume qu'il faut attribuer la petite indisposition qu'il a eue. Il n'est nullement malade. Seulement il a le malaise que j'éprouve moi-même, occasionné par un rhume de poitrine. » Ne condamnons pas trop vite cette réaction de l'épouse : elle avait quelque raison de n'en plus pouvoir de cette comtesse.

Sans doute mal guéri de son « rhume », Beaumarchais devait mourir deux mois plus tard. Et *la même année*, l'encore jeune Amélie le suivrait dans sa tombe.

Alors à ceux qui ricanent : Beaumarchais, ce libertin, capable d'amour ? répondons par un prénom : Amélie.

Au matin du 18 mai 1799, on le retrouve mort dans son lit. La veille au soir, lors d'un dîner particulièrement réussi, il avait enchanté ses amis par la vivacité de sa conversation et la diversité de ses projets.

La vie est un combat, n'avait-il cessé de répéter.

Sur sa tombe, on écrivit la phrase qu'il avait choisie, le faux soulagement d'un amoureux de l'activité :

Tandem quiesco
(enfin je me repose)

36

Un révolutionnaire malgré lui

Quel malentendu ! Quel nouvel exemple de la vraie nature, ironique, de l'Histoire !

L'homme qui venait de mourir avait trop pris de plaisirs dans la vie pour vouloir la « changer », avait trop dépensé d'énergie pour se faire une bonne et riche place dans la société pour aspirer à sa perte.

Et pourtant !

Il avait suffi de quatre lignes d'une de ses pièces pour allumer un feu qui, brûlant les fondements mêmes de l'Ancien Régime, ouvrira une Révolution.

Parce que vous êtes un grand seigneur, vous vous croyez un grand génie !... Noblesse, fortune, un rang, des places, tout cela rend si fier ! Qu'avez-vous fait pour tant de biens ? Vous vous êtes donné la peine de naître, et rien de plus. Du reste homme assez ordinaire !

Le Mariage de Figaro, acte V, scène 3

37

Je n'étais rien que moi

Peu d'êtres humains ont laissé autant de traces, écrites et factuelles, de leur passage sur cette planète. Peu ont vécu sous une semblable et perpétuelle lumière. Et pourtant, le mystère demeure.

Qui était ce Pierre-Augustin ? À croire que cette activité, cette publicité permanentes n'avaient eu d'autre objet que de se bien cacher.

Méfions-nous.

À vouloir toujours chercher une vérité unique, *le vrai Beaumarchais*, on rejette la possibilité, nullement établie, que cette vérité pourrait être multiple et, quelle horreur !, contradictoire.

Et pourquoi la tristesse, le malheur, une mine chagrinée seraient-ils gages d'unité alors que la gaieté, la simple et chaque matin renouvelée joie de vivre seraient preuve d'inconsistance et de superficialité ?

Qui, plus lucide que lui, pouvait mieux résumer sa vie ?

Lisez *Apologie pour lui-même*[1] :

« Avec de la gaieté et même de la bonhomie, j'ai eu des ennemis sans nombre, et je n'ai pourtant jamais croisé, jamais couru la route de personne. [...]

Dès ma folle jeunesse, j'ai joué de tous les instruments ; mais je n'appartenais à aucun corps de musiciens, les gens de l'art me détestaient.

J'ai inventé quelques bonnes machines ; mais je n'étais pas du corps des mécaniciens, l'on y disait du mal de moi.

Je faisais des vers, des chansons ; mais qui m'eût reconnu pour poète ? J'étais fils d'un horloger.

N'aimant pas le jeu du loto, j'ai fait des pièces de théâtre, mais on disait : "De quoi se mêle-t-il ? Ce n'est pas un auteur, car il fait d'immenses affaires et des entreprises sans nombre."

Faute de rencontrer qui voulût me défendre, j'ai imprimé de grands mémoires pour gagner des procès qu'on m'avait intentés, et que l'on peut

1. Cité dans l'introduction de l'édition de La Pléiade (Pierre et Jacqueline Larthomas).

nommer atroces; mais on disait: “Vous voyez bien que ce ne sont point là des factums comme les font nos avocats. Il n’est pas ennuyeux à périr; souffrira-t-on qu’un pareil homme prouve sans nous qu’il a raison ?”

J’ai traité avec les ministres de grands points de réformation dont nos finances avaient besoin; mais on disait: “De quoi se mêle-t-il ? cet homme n’est point financier.”

Luttant contre tous les pouvoirs, j’ai relevé l’art de l’imprimerie française par les superbes éditions de Voltaire, entreprise regardée comme au-dessus des forces d’un particulier; mais je n’étais point imprimeur, on a dit le diable de moi.

[...]

J’ai fait le haut commerce dans les quatre parties du monde; mais je n’étais point déclaré négociant. J’ai eu quarante navires à la fois sur la mer; mais je n’étais point armateur, on m’a dénigré dans nos ports.

[...]

Et cependant de tous les Français, quels qu’ils soient, je suis celui qui a fait le plus pour la liberté de l’Amérique, génératrice de la nôtre, dont seul j’osai former le plan et commencer l’exécution malgré l’Angleterre, l’Espagne et la France même; mais je n’étais point classé parmi les négociateurs, mais j'étais étranger aux bureaux des ministres.

Lassé de voir nos habitations alignées et nos jardins sans poésie, j'ai bâti une maison qu'on cite ; mais je n'appartiens point aux arts.

Qu'étais-je donc ? Je n'étais rien que moi, et moi tel que je suis resté, libre au milieu des fers, serein dans les plus grands dangers, faisant tête à tous les orages, menant les affaires d'une main et la guerre de l'autre, paresseux comme un âne et travaillant toujours ; en butte à mille calomnies, mais heureux dans mon intérieur, n'ayant jamais été d'aucune coterie, ni littéraire, ni politique, ni mystique, n'ayant fait de cour à personne, et partant repoussé de tous. »

ÉPILOGUE

« Est-il rien de plus bizarre que ma destinée ! »

Fils de je ne sais pas qui ; volé par des bandits ! élevé dans leurs mœurs, je m'en dégoûte et veux courir une carrière honnête ; et partout je suis repoussé ! J'apprends la chimie, la pharmacie, la chirurgie ; et tout le crédit d'un grand seigneur peut à peine me mettre à la main une lancette vétérinaire ! [...] *on me dit que pendant ma retraite économique, il s'est établi dans Madrid un système de liberté sur la vente des productions, qui s'étend même à celles de la presse ; et que, pourvu que je ne parle en mes écrits, ni de l'autorité, ni du culte, ni de la politique, ni de la morale, ni des gens en place, ni des corps en crédit, ni de l'Opéra, ni des autres spectacles, ni de personne qui tienne à quelque chose;* [...] *et me voilà derechef sans emploi! – Le désespoir m'allait saisir; on pense à moi pour une place, mais par malheur j'y étais propre: il fallait un calculateur, ce fut un danseur qui l'obtint.* [...] *J'aurais bien pu me remonter; je commençais même à comprendre que pour gagner du bien, le savoir-faire vaut mieux que le savoir. Mais comme chacun pillait autour de moi, en exigeant que je fusse honnête; il fallut bien périr encore.* [...] (Il se lève en s'échauffant.) *On se débat; c'est vous, c'est lui, c'est moi, c'est toi; non ce n'est pas nous; eh mais qui donc?* (Il retombe assis.) *Ô bizarre fuite d'événements! Comment cela m'est-il arrivé!* [...] *je l'ai jonchée d'autant de fleurs que ma gaieté me l'a permis; encore je dis ma gaieté, sans savoir si elle est à moi plus que le reste, ni même quel est ce* Moi *dont je m'occupe: un assemblage informe de parties inconnues; puis un chétif être imbécile; un petit animal folâtre; un jeune homme ardent au plaisir, ayant tous les goûts pour jouir, faisant tous les métiers pour vivre; maître ici, valet là, selon qu'il plaît à la fortune; ambitieux par vanité, laborieux par nécessité; mais paresseux... avec délices! orateur selon le danger; poète par délassement; musicien par occasion; amoureux par folles bouffées; j'ai tout vu, tout fait, tout usé.*

Puis l'illusion s'est détruite, et trop désabusé... Désabusé!...

Suzon, Suzon, Suzon! que tu me donnes de tourments!... – J'entends marcher... on vient. Voici l'instant de la crise.

Le Mariage de Figaro, acte V, scène 3

Remerciements

Ce livre est dédié à Évelyne et Maurice Lever, car je leur dois le plus inestimable des cadeaux : un portrait de la liberté.

La première, Évelyne, m'a enseigné, au fil de ses livres, le XVIIIe, le siècle qui l'a vu naître, cette liberté chérie.

Le second, Maurice, tant de fois croisé chez Fayard, tant de fois écouté, émerveillé, dialoguer avec Claude Durand, m'a raconté deux hommes libres, deux versants extrêmes de cette passion de l'émancipation : Sade et Beaumarchais.

Sans eux, sans leur savoir si gourmand, si généreux, jamais ne me serait venue l'idée même de tenter ce livre.

À ce grand duo, il me faut ajouter Jean Starobinski, rencontré chez Georges Lambrichs, son éditeur (et par ailleurs le premier de mes beaux-pères, toutes les occasions de l'embrasser sont bonnes à prendre). Chez Skira, belle maison s'il en fut, la formidable idée folle était venue d'expliquer chaque siècle par un ouvrage (magnifiquement) illustré. Ainsi naquirent, par exemple, *L'Europe des cathédrales* (Georges Duby) pour le XIIIe et cette *Invention de la liberté,* un chef-d'œuvre.

Merci à ces trois-là, Évelyne, Maurice et Jean ! Le promeneur sait qu'il n'est rien sans ceux qui ont exploré puis éclairé le territoire.

Merci à mes autres professeurs du XVIIIe siècle : Elisabeth et Robert Badinter, pour *Condorcet : un intellectuel en politique* et *Les Passions intellectuelles.*

Évidemment, d'autres livres m'ont nourri.

Des œuvres de Beaumarchais les éditions sont innombrables. Saluons, bien sûr, la Pléiade, savamment et allègrement présentée par Pierre et Jacqueline Larthomas.

Pour le théâtre, Le Livre de Poche (« Classiques modernes ») vous fera cadeau d'un préfacier parfaitement informé, et pour cause ! Il s'appelle Jean-Pierre de Beaumarchais. Il a bien voulu me relire. Je lui dois de précieuses remarques et cette citation du poète portugais Fernando Pessoa qui résume notre personnage : « N'être qu'un est une prison. »

Les biographies abondent.

À commencer par *Le Voltigeur des Lumières* du même Jean-Pierre de Beaumarchais (Gallimard).

Je me suis aussi régalé du *Beaumarchais* de Christian Wasselin (Gallimard). Il vous prend et ne vous lâche plus, même dans les épisodes les plus enchevêtrés, lesquels ne manquent pas !

René Pomeau (PUF) embrasse la double entièreté du phénomène Beaumarchais, toutes les vies et toutes les œuvres. Chemin faisant, grâce à lui, nous en découvrons de belles. Il prouve, comme personne, que ce diable d'homme est inépuisable.

Sa trilogie (*Barbier*, *Mariage*, *Mère coupable*) a suscité des torrents d'études. J'y ai surnagé grâce à un cours du CNED, « Deviner l'énigme du sphinx » professé par Stéphanie Genand, et à un classique Garnier, *Nouveaux regards sur la trilogie de Beaumarchais* sous la direction de Sophie Lefay.

Sur la naissance des États-Unis, je n'ai rien lu de plus allant et de mieux informé que le livre de Stacy Schiff, *La Grande Improvisation* (Grasset).

Enfin, pour vous réchauffer, si besoin en était, plongez-vous dans les *Lettres galantes à Mme de Godeville* (Fayard). Qui les a établies ? Maurice Lever.

Quant à Fabrice Luchini, inoubliable insolent (dans le film d'Édouard Molinaro en 1996), il a bien mérité du Siècle de lumières.

Et, bien sûr, à Madame Alice, l'incomparable éditrice car aussi savante que libre, aussi précise que poétique. Et puis espiègle. Et donc imprévisible !

Table

Vive la liberté ! 11
1. Vous avez dit bonheur ? 15
2. La chance de sa vie : passer par l'apprentissage 20
3. Premier duel 24
4. Arriver par les montres, s'installer grâce aux harpes 28
5. Une erreur de mariage 34
6. Guerluchonner 37
7. Se trouver un nom 40
8. Se faire adopter par un vieux et riche 43
9. S'acheter la noblesse 50
10. L'esprit de famille 55
11. Où nous découvrons qui est le véritable inventeur de la stratégie dite du *en même temps* 61
12. Méthodologie de la rupture 67
13. La jalousie des dieux 71
14. Honte à la Grand-Chambre 77
15. Un feuilleton pour délasser les dieux et décoincer les avocats 82

16. Trop de gloire pour un blâme 87
17. Devenir barbouze pour se faire pardonner 91
18. Éloge de la ménagère 99
19. Un barbier pour l'éternité 102
20. Et maintenant, c'est un travesti qui passe 110
21. Vive l'Amérique libre ! 116
22. De l'argent 125
23. Vive la science économique ! 129
24. En compagnie des eaux 133
25. La plus folle des journées 136
26. L'art sait mieux que nous 143
27. Éditeur, imprimeur 145
28. Les trois frères 151
29. « Ayant passé l'âge de plaire, je dois fuir le malheur d'aimer » 155
30. Retour à la musique 160
31. Vingt ans de bataille pour inventer le droit d'auteur 164
32. Un palais face à la prison 171
33. Comment expliquer ? 175
34. Des fusils empoisonnés 177
35. La fin du combat 184
36. Un révolutionnaire malgré lui 189
37. Je n'étais rien que moi 191

Épilogue. « Est-il rien de plus bizarre que ma destinée ! » 195

Remerciements 199

DU MÊME AUTEUR

Loyola's Blues,
roman, Éditions du Seuil, 1974 ; coll. « Points ».

La Vie comme à Lausanne,
roman, Éditions du Seuil, 1977 ;
coll. « Points », prix Roger-Nimier.

Une comédie française,
roman, Éditions du Seuil, 1980 ; coll. « Points ».

Villes d'eaux,
en collaboration avec Jean-Marc Terrasse,
Ramsay, 1981.

L'Exposition coloniale,
roman, Éditions du Seuil, 1988 ;
coll. « Points », prix Goncourt.

Besoin d'Afrique,
en collaboration avec Éric Fottorino
et Christophe Guillemin,
Fayard, 1992 ; Le Livre de Poche.

Grand amour, mémoire d'un nègre,
roman, Éditions du Seuil, 1993 ; coll. « Points ».

Mésaventures du Paradis,
mélodie cubaine, photographies de Bernard Matussière,
Éditions du Seuil, 1996.

Histoire du monde en neuf guitares,
accompagné par Thierry Arnoult, roman, Fayard, 1996 ;
Le Livre de Poche.

Deux étés,
roman, Fayard, 1997 ; Le Livre de Poche.

Longtemps,
roman, Fayard, 1998 ; Le Livre de Poche.

Portrait d'un homme heureux, André Le Nôtre,
Fayard, 2000.

La grammaire est une chanson douce,
Stock, 2001 ; Le Livre de Poche.

Madame Bâ,
roman, Fayard/Stock, 2003 ; Le Livre de Poche.

Les Chevaliers du Subjonctif,
Stock, 2004 ; Le Livre de Poche.

Portrait du Gulf Stream,
Éditions du Seuil, 2005 ; coll. « Points ».

Dernières nouvelles des oiseaux,
Stock, 2005 ; Le Livre de Poche.

Voyage aux pays du coton,
Fayard, 2006 ; Le Livre de Poche.

Salut au Grand Sud,
en collaboration avec Isabelle Autissier,
Stock, 2006 ; Le Livre de Poche.

La Révolte des accents,
Stock, 2007 ; Le Livre de Poche.

A380,
Fayard, 2007.

La Chanson de Charles Quint,
Stock, 2008 ; Le Livre de Poche.

L'Avenir de l'eau,
Fayard, 2008 ; Le Livre de Poche.

Courrèges,
X. Barral, 2008.

Rochefort et la Corderie royale,
photographies de Bernard Matussière,
Chasse-Marée, 2009.

Et si on dansait ?,
Stock, 2009 ; Le Livre de Poche.

L'Entreprise des Indes,
roman, Stock, 2010 ; Le Livre de Poche.

Princesse Histamine,
Stock, 2010 ; Le Livre de Poche Jeunesse.

Sur la route du papier,
Stock, 2012 ; Le Livre de Poche.

La Fabrique des mots,
Stock, 2013 ; Le Livre de Poche.

Mali, ô Mali,
Stock, 2014 ; Le Livre de Poche.

Passer par le Nord,
en collaboration avec Isabelle Autissier,
Paulsen, 2014.

La Vie, la Mort, la Vie,
Louis Pasteur 18221895,
Fayard, 2015.

L'intégrale africaine d'Erik Orsenna,
réunissant Madame Bâ, Mali, ô Mali, Besoin d'Afrique,
Le Livre de Poche, 2015.

L'Origine de nos amours,
Stock, 2016.

Géopolitique du moustique,
avec le docteur Isabelle de Saint Aubin,
Fayard, 2017.

La Fontaine. Une école buissonnière,
Stock/France Inter, 2017 ; Le Livre de Poche.

Voyage au pays des bibliothèques,
en collaboration avec Noël Corbin, Stock, 2019.

Cet ouvrage a été composé
par Maury à Malesherbes
et achevé d'imprimer sur Roto-Page
par l'Imprimerie Floch à Mayenne (53)
pour le compte des Éditions Stock
21, rue du Montparnasse, 75006 Paris
en juillet 2019

Imprimé en France

Dépôt légal : août 2019
N° d'édition : 01 – N° d'impression : 94686
36-51-1243/5